彭明輝談現實與理想
活出生命
最好的可能
life

序

活出甘醇豐厚的人生

這本書想要談生命的意義與價值，談理想與現實，談如何安頓現實，以便有多餘的心力去活出自己的意義價值，去體驗最甘醇、豐厚的人生滋味。

這是《生命是長期而持續的累積——彭明輝談困境與抉擇》的續集，想要引導讀者更深入了解人生的一些關鍵問題。包括什麼是人生的滋味？什麼是生命的意義與價值？如何通過對大自然、文學與藝術的薰陶使自己的人生更加甘醇、豐厚而有滋味？如何在現實的狹縫裡保持自我成長的力量？如何在混亂的世局裡找到值得自己堅持的方向？乃至於如何跟上一代以及下一代相處。

人活著，如果只有現實和野心的滿足，那是一種傖俗乏味的人生。生命的滋味來自於偉大情感的感動與滋潤，來自於人的尊嚴與價值，來自於活出生命的意義與價值時的那種酣暢淋漓。人活著，最重要的不是外在的成就，而是你曾否認識到自己作為人的最高價值？是否體驗過生命最深刻而崇高的感動？是否活出過生命的意義與價值？

我們從小渴望長大，是為了成為更有能力、更有智慧的人，可以感受生命的滋味與價值，可以造福社會、矯正各種不公平，可以洞見沒必要的苦惱與貪欲，可以幫助別人解除內心的困惑與痛苦——我們想要成為有能力享受人生、幫助別人的人，我們想要成為值得自己敬重，讓自己看得起的人。

但是，很多人用一輩子來累積財富權勢，用外在的成就滿足虛榮心，而心裡早就已經敗壞腐爛，只剩低賤的欲望和無聊的野心。因為分不清楚理想和野心、人的價值和外在的成就、心靈的滿足和欲望的飢渴，所以我們也愈來愈分不清楚自我成長和外在成就的差別。我們把愈來愈多的心力用來追求外在的成就，卻讓內在的自我變成空洞的人。結果，隨著歲月流逝，外在的成就愈來愈亮麗，內在的自我卻愈來愈空虛、乏味，甚至破敗、腐爛到連自己都不敢看。

這樣的人生金玉其表，敗絮其中，滿足了野心與貪婪卻沒有活出生命的滋味、意義與價值；這樣的人生，不值得！

活出生命的滋味、意義與價值

人想要的不僅僅只是飲食男女的奢華，或轉瞬即逝的情緒性滿足，他更想獲得心靈的恬靜、愉悅和滿足，體驗人生中最莊嚴、神聖、崇高的情感——他希望不斷開拓情感所能及的世界，讓自己體驗情感的昇華，印證人跟動物的差別，看見自己作為人的尊嚴與價值。

人不只是想要快樂和虛榮心的滿足，他想要了解外在的世界和自己內在的世界，他想知道為何會有人受到各種的痛苦與委屈，他想知道如何去改善這個世界，讓它更少痛苦，讓它更能發揮人性的光輝、更少人性的卑劣；他也想了解自己，分辨野心、熱情與理想，有能力安頓自己的痛苦、焦慮、虛無與絕望，有能力跟命運安然相處——他想要在思想上不斷提升與突破，讓自己有更廣大、精深的智慧去妥善應對外部世界和自己的內心世界。

他希望用自己的心力和行動去改善外部的世界，讓身周的人因為自己的努力而變得更幸福，或者更少痛苦。但是，在擁有這種行動能力之前，他必須先要有能力了解人類各種的情感、欲望、煩惱和痛苦——人文的素養是我們了解自我和這個社會的起點，而自然科學和社會科學則是我們進一步解決問題的工具。

「自我成長」這樣的理想跟外在的成就只有微弱的關聯，它的初衷就只是想辦法對自己和這個世界多一點了解，以便擴大自己思想上所能認識的世界；想辦法提升自己對大自然、文學、藝術和歷史上人類有過的各種理想，有愈來愈細膩、敏銳、深刻的覺察，從而豐富自己的情感世界，甚至使它變得愈來愈莊嚴、深刻而可貴；當自己能力能及時，隨緣而盡心地幫助身邊的人，但是成敗毫不強求，唯求盡己、盡心而已。

自我成長是一個人安安靜靜做的事，它不需要別人的肯定，它不需要跟別人競爭，它更不在乎別人的羨慕或否定。

真正的自我成長就是認認真真、樸樸實實做自己。理想很單純，人生的意義也很單純：盡力開發自己內在各種潛在的可能性（盡己），誠誠懇懇用心對待身邊的人（盡心），掌握機會去追求各種最極致的感動和各種情感經驗（盡興），讓自己善用每一分每一秒來提升生命的價值。

做自己，沒有挫折與輸贏

年輕人喜歡問我：「你人生中最大挫折是什麼，你怎麼走過去？」我每次都只好很靦腆而真誠的回答：「我想不起人生中有什麼挫折！」

從高中時代開始，我就只在乎自己的成長，而不在乎外在的輸贏與成就，所以也沒輸贏也沒挫折。我本來就只在乎高中三年有多少成長，而且在文學領域與思想上的成長也確實遠遠超乎預期，所以大學聯考丟了幾十分而到南部去念大學，但是我從不以為這叫挫折；在清華大學當講師，讓學生看不起，但在哲學和藝術領域的成長突發猛進，那是我人生中最順利的階段，因此更加談不上是挫折。其實，一個認真追求自我成長的人只會「苟日新，日日新，又日新」。每天都有進境與累積的人，那會去管贏輸，更談何挫折？

談贏輸與挫折的，都是只看見成就而看不見成長的人。一個人的成就不只跟努力的程度有關，也跟機遇、運氣、競爭者之間的稟賦差異有關，因此輸贏難料，不順遂的時候就有挫折。

其實，輸贏一點意義都沒有。如果你贏的時候憑的是運氣，有什麼好得意？

如果你贏的時候靠的是爸媽給你的天賦，又有什麼好了不起？炫耀家財的人沒志氣，仰仗上一代權勢的人沒骨氣，那麼天賦過人又有什麼好得意？它又不是你自己掙來的！

人該在意的只有自己的努力和自我成長，以及認真的活出生命的滋味、意義與價值，如此而已。

目次

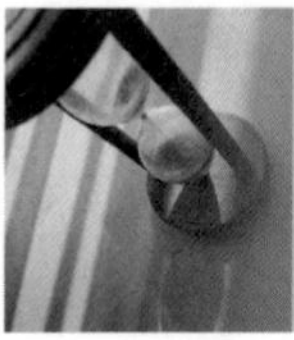

第一部　現實與理想

第二部 活出自己

導言

人的價值與尊嚴

什麼是人生的意義？什麼是人的價值與尊嚴？人真的可以找到比飲食男女和財富權勢更讓人覺得有價值的人生目標嗎？這一系列的問題困擾著千古以來中西菁英的心靈，尤其困擾著宗教力量式微之後的西方近代菁英。

歌德（**Johann Wolfgang von Goethe**，一七四九—一八三二）在他的成名作《少年維特的煩惱》裡歌頌愛情，但是愈到老年他愈是無法滿足於俗世的愛情與知識，而渴望追求更高的價值與意義。他在劇本《浮士德》裡寫出自己晚年的心路歷程，深深打動了十八世紀無數歐陸知識分子的心。

這是歌德的畢生代表作，充分展現了人類永不止息的自我挑戰，追求更高遠理想的宏願。這個劇本分成兩部，第一部完成於歌德五十七歲的時候；第二部在二十六年後才發表，歌德已經八十三歲。

幕啟時，白髮蒼蒼的浮士德博士在他的書房裡回憶他的一生，他皓首窮經以研究各種學問，滿懷熱情想要知道人生的真理與奧秘，臨終時卻覺得他窮盡畢生精力所得到的知識都是沒有價值的。他想不出人生到底還有什麼值得追求。這時候，魔鬼梅菲絲特出現了，他保證可以引領浮士德去經歷一輩子不曾感受過的滿足與幸福。浮士德接受了這個賭局——他想要知道人生到底還有什麼更高的幸福。

梅菲絲特先帶浮士德去一個酒館享受宴飲之樂，浮士德卻覺得那只不過是在發洩人類最粗鄙的獸性，既無聊又無趣。梅菲絲特用魔法讓浮士德愛上純真的少女葛麗卿，又用魔法將浮士德變成翩翩美少男，去誘拐葛麗卿。葛麗卿愛上浮士德，為了在家裡幽會而把浮士德給的安眠藥水拿給她媽媽，卻意外毒死了母親，而一夜歡的結果則使她懷孕。未婚媽媽的命運是悲慘的，葛麗卿在絕望中將新生的嬰兒溺斃，也因此被判處死刑。對於這一段情與葛麗卿的遭遇，浮士德愧疚多於滿足——塵世裡的飲食男女無法讓他感受到人生的值得。

塵世沒有可以吸引浮士德的事物，梅菲絲特只好帶他超越塵世，周遊於歷史、神話和純粹精神性的世界，去追求人類精神世界最極致的可能性。浮士德克服各種艱難，找到象徵永恆之美的希臘美女海倫，用詩歌的協韻之美擄獲海倫的芳心，把她帶到純樸自然的人間仙境阿卡迪亞，兩人並生下一個精神上的兒子。但是這個結合了藝術與美的孩子，遺傳了浮士德的冒險精神，為了追求勇氣、自由與挑戰一切的極限，他在嘗試飛向天際時摔死，也結束了浮士德和海倫的情緣。

後來，浮士德成為國王的寵臣，獲得一塊濱海的封地。浮士德為他的子民填海造陸並建立堤防，希望用人類的自主力量打敗大自然的暴力威脅，讓人類獲得獨立與自由。某天夜裡來了四個陰沉的女神，帶來他死期將屆的警訊。浮士德拒斥了其中三個女神的協助，卻因為體力衰弱而擺脫不掉被命運之神照料的需要。但是他仍堅持：他一輩子都在奮力掙脫命運的束縛，想要靠人類的知識和努力超越一切限制，邁向更高的價值與自由；因此他將繼續往前推進，追求人類更高的極限。「照料」女神被浮士德的高傲激怒，弄瞎了他的雙眼，並且告訴他：人類一輩子都是盲目的，你也將至死都是盲目的。

但是浮士德毫不妥協，繼續進行他填海造陸與建築城堡的計畫，想要保護人類，讓他們可以擺脫大自然的威脅和命運之神的擺布，靠自己不休止的努力去維護海堤與城堡，爭取自己的獨立、自主與自由。這個工程象徵著人類的命運——人們必須靠自己的努力去爭取人生意義與自主性，並且為了維護人生意義與自主性而永不休止的戰鬥。

浮士德雖然是個虛構的人物，但卻與歷史上許多偉大人物一樣，展現出人類三種令人激賞的高貴特質：一、能自覺的認識自我，不斷自我改善以追求更高的理想，並且願意為這理想而犧牲、受苦，與個人的生理、心理本能對抗，讓我們在這些受苦的靈魂中看到人的尊嚴與價值；二、能有意識的認識自然的世界和人類的社會組織，並且無私的奉獻心血去謀思改善之道；三、對於他人的苦難有一種不忍之心，甚至願意為陌生人犧牲、受苦。

後來的西方哲學家也大致上認為人類具有精神上的自我意識，有能力認識自己，而且能自由抉擇自己的人生路徑，沒有任何既定的生理限制或「本性」可以強迫我們，即使面臨懲罰、痛苦與獎賞的誘惑，也可以不改其志。他們將這種獨立自主的特性稱之為「位格」（person）。人的尊嚴與價值，也就體現在這三種特質裡；而人生的意義與價值也就在以一生的努力去踐履、實現這三種特質，使它們從潛在的可能變成具體的實踐。

自我挑戰，活出生命的終極價值

事實上，在中、西數千年的歷史裡，確實有許多人能以具體的實踐挑戰他自己生理和心理的極限，甚至挑戰他自己理性的極限，只為了窮究人生最終的意義，並踐履自己最終的人生理想。

陶淵明是中國文人追求理想的一個典型，康德（Immanuel Kant，一七二四—一八〇四）一生未婚，只為了要用哲學思考證明人的價值與尊嚴。丹麥哲學家齊克果（Søren Kierkegaard，一八一三—一八五五）也是為了追求人生最高理想而願意忍受一切的痛苦。他想要把一生完全奉獻給「那個我可以為之生、為之死的理念」。他甚至說，他只願意讀那些「肯為自己的理想而付出生命的人」所寫的作品。後來，他為了心無旁騖致力於宗教的靈性發展，痛苦決定與他深愛的未婚妻解除婚約。

塞尚（Paul Cézanne，一八三九—一九〇六）也是為了堅持他的理想而忍受大半輩子的孤單、挫折與冷嘲熱諷。他熱愛繪畫，在摯友左拉（Émile Zola，一八四〇—一九〇二）的鼓勵下放棄律師生涯去巴黎學畫。但是他始終未能考入巴黎高等美術學校，而沙龍展評審的結果也是連年落選。後來連左拉都懷疑起塞尚的藝術天分，在他的小說《作品》裡以影射的方式嘲笑塞尚，導致兩人從此絕交。塞尚二十七歲時創作的一幅畫，到四十二歲時才被沙龍展接受（生平唯一的一次），五十六歲時才有畫商幫他安排了生平第一次的畫展。這麼崎嶇的創作過程，最後卻成功的畫出大自然的莊嚴、神秘、崇高與神聖，也畫出人的尊嚴和充滿幸福感的靜物。

梵谷（Vincent van Gogh，一八五三—一八九〇）的時運更加不濟，一輩子只賣出過一批畫，共五張，賺取二十五法郎，其他時候就只能仰賴弟弟接濟。高更（Paul Gauguin，一八四八—一九〇三）當過船員和證券交易所的經理人，他在友人鼓動下成為「週日畫家」；二十八歲時，他的一幅作品被沙龍展接受，後來又連續參加五次印象派畫展，開始成為職業畫家。不幸的是股市狂跌帶動了不景氣，使他不得不去當推銷員和海報張貼員謀生，甚至在巴拿馬運河旅遊作畫期間，盤纏用罄而不得不到工地當苦力。四十三歲時他到達大溪地，展開了他創作生涯最高峰的十年，卻也在貧病交加中染上了嗎啡毒癮，並且在五十五歲時因心臟病發作去世。

梵谷和高更都是在世人不了解的情況下，孤獨的從事繪畫創作，塞尚也是在少數人的支持和大多數世人的厭惡下從事創作。假如他們把外在的成就和世人的肯定當作「自我實現」的重要考量，他們應該早就放棄繪畫的創作了。使他們可以持續不輟創作的原因，就只是單純對創作的熱愛而已。

在林布蘭（Rembrandt van Rijn，一六〇六—一六六九）一生的畫作裡，他持續不斷的問，人活著有何價值與意義，以及要如何面對自己的一生。我們可以在他中年以後的自畫像與宗教繪畫中，看到他的倨傲、懷疑、焦慮、困惑、絕望，但是他不曾放棄追求人生的意義，因此終於在晚年的作品裡描繪出人性的神聖光芒，而他的自畫像也終於變得寧謐而坦然。同樣的，我們也可以在達文西（Leonardo da Vinci，一四五二—一五一九）和貝多芬（Ludwig Van Beethoven，一七七〇—一八二七）的畢生作品中發現類似的心路歷程。

在許多探討人性與人生意義的小說裡，我們也一再看到作者如何為了確定「人」的尊嚴以及自己和那「位格」的關係，而經歷折騰人心的懷疑、絕望、安慰、歡欣與痛苦，終於在最後肯定了生命的意義與價值。在杜斯妥也夫斯基（Feodor Dostoyevsky，一八二一—一八八一）、拉格維斯特（Pär F. Lagerkvist，一八九一—一九七四）、卡繆（Albert Camus，一九一三—一九六〇）和米蘭・昆德拉（Milan Kundera，一九二九）堅持不懈的探究過程中，我們再度看到了「人」的可貴特質。

為改善世界而無私奉獻

許多大學教授做研究的目的是為了名利與權位，但是真正值得尊敬的學者卻是不計個人毀譽與得失，一心只想透過自己的研究去造福人類。

從蘇格拉底（Socrates，西元前四六七—前三九九）開始，哲學思辨與學術研究的首要目的就是要辨別是非，尤其是挑戰普世價值並找出其中的謬誤與盲點，以期引導社會走出世代沿襲的桎梏與盲從，從而邁向更好的未來。蘇格拉底為了引導年輕人去反省人生的意義與價值，不惜挑戰當時雅典的主流價值，並因此被控以「不敬神」和「蠱惑青年」而處死刑。

一九四〇年，紐約城市大學聘請著名的數理邏輯學家羅素（Bertrand Russell，一八七二—一九七〇）擔任一年的教席，卻因為羅素主張開放婚姻與自由思想，引來教會、新聞媒體與各種社會團體的激烈抗議。其中一位女性針對羅素的任命案向紐約高等法院提起告訴，結果主審法官判決羅素的品德不適任哲學教授。羅素並不妥協，反而在後來的履歷中加了一條「學術榮譽與傑出表現」：享有跟蘇格拉底完全相同的罪名，因為「不信神，並且教壞年輕人」而被法院判決不夠格擔任紐約城市大學的哲學教授。即使到了一九七二年，還是有一位具有長聘權的史丹佛大學教授因為支持學生反戰活動而被解聘。

知識分子的風骨之所以讓人感動，就是因為他們這種為了社會的進步而願意自我犧牲的精神。

科技與企業的發展可以是為了私利，更可以是為了造福世人。儒家素有「利用厚生」與「人盡其才，地盡其利，物盡其用，貨暢其流」的思想，李陽冰父子的都江堰和中國的許多科技發明都是上述儒家思想的產物。倡導《論語》與算盤合一的澀澤榮一（一八四〇—一九三一）企圖用經濟的手段實踐儒家「利用厚生」的思想，在《論語與算盤》一書裡為日本樹立了「儒商」的典範。他棄官從商，致力於建立日本的金融體系和創立各種股份制公司，因而被稱為「日本近代實業界之父」。這種以企業興國的思想啟發了後來松下幸之助「企業存在的目的在解決人類的貧窮」這樣的思想與抱負。

西方的社會改革運動歷史悠久，從歐文（Robert Owen，一七七一—一八五八）的工人合作社與公社、英國的霍華德爵士（Sir Ebenezer Howard，一八五〇—一九二八）的花園城市、一八七一年的巴黎公社、後來歐洲各國的原始共產黨員，到一九六八年法國的學生運動與美國學生的反戰，西方社會改革運動史上堅持公義的這一方永遠不曾贏過，但是堅持公平與正義的力量也一直不曾退卻。我曾自問：「假如永遠是輸家，他們為什麼還要堅持？」我從歷史學到的最佳理由是：「左派從來都不曾贏過，但是沒有左派的社會，人真的會吃人！」我相信這些人應該都知道他們的堅持也許沒有讓這社會因而變得更好，但至少讓它不會變得更壞。對我而言，光這個理由就已經足夠了。

很多人會在得到權力後就腐敗，或者在參與幾次社會運動的行動後就消沉的躲起來，那是因為他們只想贏，而沒有為自己找到「即使輸也值得堅持下去」的理由；很多人只想要勝利的光彩，而沒有能力為他人耗費自己的時間與生命，去做沒有人喝采的小事情。

但是我一直記得西方社會是從這樣的卑微行動開始改變起的。一八四八年的原始共產黨員人數遠少於今天劍橋、牛津、哈佛的頂尖學府博士，而且通常出身貴族；當年要加入共產黨，必須具備頂尖的能力、罕見的犧牲熱情、人格與道德特質出眾，才有資格成為黨員。這些人做什麼事來改變社會呢？他們到礦場去當礦工，利用休息時間教礦工寫自己的名字，讓礦工感受到自己不再是沒有姓名的「群眾」（the mass），而是有名有姓的「約翰兄弟」、「瑪莉姐妹」，是跟他們的領主一樣有靈魂，有尊嚴、有人格的人。

我覺得我的出身不如他們，聰明程度不如他們，人品與犧牲精神不如他們。如果他們願意去做這麼卑微的事，我也願意去做各種我所能做到的事。

這些從事社會改革運動的人給了我一個信念——社會運動基本上是一種價值觀的戰爭，也是一種對於「更好的社會」的務實追求與摸索。只要你找到一種現實上可行而更好的社會，你就有機會說服別人既有的不公不義不值得忍耐。

其實，輸贏不重要，重要的是「做有意義的事」。「有能力改變社會」沒什麼了不起——如果那是「使社會變得更糟」的話。重要的是讓這世界因你而變得更好，至少因你的堅持而不至於變得更糟。

為陌生人而犧牲、受苦

在甘地（Mohandas Gandhi，一八六九—一九四八）的身上我們看到「人」的尊貴——並不是因為他是印度的國父，而是因為他的「人格」。

印度獨立後不久，印度教徒和錫克教徒從新建立的巴基斯坦往東撤出時，卻與從旁遮普省往西遷移的回教徒起了衝突，發展成大屠殺，死亡人數以百萬計。面對印度教、錫克教和回教徒之間因為教義而綿延無數代的殘酷殺戮與仇恨，一九四七年九月一日，甘地發誓絕食到死，或者直到旁遮普省所有的殺戮全部停止為止。他說：「或者加爾各答恢復平靜，或者我離開人間。」

這個人，如果人間的仇恨不能被愛化解，他寧可不活；如果他的死可以為人間增加一點愛，減少一點仇恨，他也願意死。是這樣的一個靈魂，讓我們看到「人」的那種尊貴，「位格」的那種尊嚴。

在這個絕食的甘地身上，我們看到「人」的尊嚴。

從第二天早晨起，槍擊聲逐漸與和平的口號聲交織在一起。越來越多的群眾湧向甘地下榻處，甚至最凶狠的殺人犯也放下了大刀、鐵棍和步槍，前來詢問甘地的健康狀況。下午，省督宣布，大學生決定為恢復和平進行總動員。印度教徒和穆斯林知名人士紛紛來到這位垂危老人的臥榻前，請求他停止絕食。一名穆斯林跪在他的腳下喊道：「如果您有個好歹，我們穆斯林可就完了。」任何苦苦的哀求，始終未能動搖燃燒在甘地衰竭身體內的意志。他說道：「在半個月前那種令人引以為榮的和平未恢復之前，我絕不停止絕食。」

第三天凌晨，甘地說話的聲音低得難以聽見，脈搏極度微弱。甘地健康惡化的消息一傳出，加爾各答到處充滿焦急和悔恨。二十七名市區的極端分子來到海達利寓所門前，用充滿悔恨的聲音承認自己的罪惡，請求甘地饒恕，哀求他停止絕食。那夥製造貝利亞加塔大街慘案的人也跑來懺悔，領頭的人對聖雄說：「只要您停止絕食，我們願意愉快的接受任何懲罰。」這天晚上，省督親筆為甘地書寫一封信，告知他全城已經恢復平靜。印度教、錫克教和穆斯林顯要人物起草了一項共同聲明，莊嚴保證「誓死為阻止宗教仇恨的毒焰再起而奮鬥到底」。

九月四日晚上九點十五分，甘地喝了幾口桔子汁，宣告結束七十三個小時的絕食鬥爭。他的老友拉賈戈帕勒查理說：「甘地建樹過許多豐功偉績，然而最為神奇的乃是他在加爾各答戰勝了邪惡，印度獨立也無法與之相比。」

在一九五三年諾貝爾和平獎得主史懷哲（Albert Schweitzer，一八七五—一九六五）身上，我們也看到「人」的手采。

史懷哲是位德國牧師的兒子，熱愛巴哈的音樂和管風琴。二十一歲那年夏天的一個早晨，他覺悟到：「只為自己活著的人將失去生命，只有為了福音獻身的人，才能永生。」於是決定在三十歲以前為學術和藝術而活，三十歲以後將為服務人類的事業而活。史懷哲在音樂和學術上都天賦異稟，管風琴巨擘魏多（Charles-Marie Widor，一八四四—一九三七）把他當作自己的衣缽傳人；他在大學與研究所期間極其用功，二十五歲就已經是神學博士、哲學博士，同時又是享有聲望的管風琴演奏家和巴哈研究者。他在一九〇五年出版法文版《巴哈論》，被認為是自有巴哈的研究書籍以來最高水準的著作。

這個真正在學術與人文精神上的菁英，卻從不曾忘記他二十一歲時的誓願。二十九歲那年，他決心要以醫生的身分終生為非洲服務——只因為非洲醫療落後、環境惡劣，嚴重缺乏醫生。一個學術與音樂界的新星，卻在三十歲開始學醫。他對朋友說：「當然，學醫的日子極不容易，但我的內心寧靜又充滿了幸福感。我的生活是艱苦的，然而是美的。您不要認為我是一個沉於幻想的人，實際上，我是一個非常客觀和冷靜的人。我從青少年時代就開始反覆思考人生的意義，最終的結論是——關鍵在於行動。」

一九一三年春季，史懷哲辭去大學的教授職務，與夫人海倫來到非洲的加彭，從此以後來往歐洲（募款、演奏）與非洲（行醫），直到過世為止，共五十二年。一九一七年，由於戰爭的關係，史懷哲夫婦被法軍遣返到歐洲的俘虜集中營。史懷哲卻用書桌的邊緣當作鋼琴的鍵盤，陶醉在想像的音樂之中，並在戰俘營裡寫下不世鉅作《文明的哲學》（*Kulturphilosophie*）。一九二八年，史懷哲在接受「歌德獎」時提到：「我們必須與自己及其他一切戰鬥，不為什麼，只因現代是失去了人性的時代。」一九六五年九月四日，史懷哲因病逝世於非洲。

這樣的人在歷史上一直不斷的出現，德蕾莎修女（Mother Teresa，一九一〇—一九九七）、創辦孟加拉鄉村銀行而獲得二〇〇六年諾貝爾和平獎的穆罕默德・尤努斯（Muhammad Yunus，一九四〇）等。這樣的人，又讓我們看到「人」——具「位格」的人。

結語

上述這些認真活過的歷史人物，用他們的一生見證了康德以嚴謹的哲學思想所建立的信念——人性具有無可比擬的尊嚴，有能力理解外部世界，具有追求完美與自我提升的能力，可以為自己設定人生目標，可以服從自己的價值觀而抗拒當下的誘惑，即使面臨懲罰、痛苦與獎賞的誘惑也不改其志。因為人具有如此的價值與尊嚴，所以康德特別堅持：「不論是面對自己或他人，對待人性時都只能把它視為是自身的目的，而不可以僅僅把它當作是一種手段。」也就是說，絕不可視人如物，把別人當作工具。

而寫下〈歡樂頌〉（Andie Freude）的席勒（Friedrich von Schiller，一七五九－一八〇五）更語重心長的指出，尊嚴乃是「道德力量凌駕本能」的表現，是「在受苦中表現出來的沉著與平靜」，因為精神的自由完全展現在受苦的能力當中。

無怪乎佛教的信仰裡相信人都是佛種子，這賦予人無比的尊嚴——不僅使他不能在任何情況下殺人，甚至使他不能糟蹋自己的一生。

而基督宗教的傳統信仰裡，人是上帝依祂的形象所造，並授權予他去管理上帝所造的萬物。根據聖阿奎納（Saint Thomas Aquinas，一二二五－一二七四）的進一步闡釋，人具有精神性的靈魂、智性以及自由意志，使得他成為自己的主人，他獨立而自主的存在，並且是自己一切行為的主導根源。

人是動物，但不僅僅只是動物而已！

第一部

現實與理想

人不能只靠虛榮心活著。如果你沒有能力讓家人感受到你的愛與溫暖，沒有能力協助他們成長，協助他們走出徬徨、困惑、憂慮與煩惱，你遲早會失去家人的愛，而你的生命也會缺了一大塊。如果你沒有能力找到自我實現的目標，沒有辦法肯定人比動物更高貴的價值，你的生命又殘缺了一大塊。人生有太多事情比虛榮心更重要，也更實在。但是，很多人卻不曾認真去探索：人活著，有沒有比現實更值得追求，而且有更有價值、更有意義的目標？

對很多人而言，理想顯得遙不可及，而現實卻又不可能逃避。其實，這是因為我們有太多現實與理想的迷思，因此看不見現實的追求往往只不過是理想的偽裝，而真實的理想卻在日常生活可及之處等著我們一一實踐。

這一部企圖從不同的角度打破各種現實與理想的迷思，使得我們可以跳脫現實與理想表面上的衝突，找到安頓現實的竅門，也為理想的實踐指出具體而人人可及的可能性。

一個人如果一輩子只有現實與野心，而不曾認真追求過理想與自我，就像艾略特（Thomas S. Eliot，一八八八—一九六五）在〈空心人〉這篇詩裡的描述：

> 我們是空心人／我們是外實內虛的人／彼此倚靠著／腦中卻只有稻草／我們用乾啞的嗓音低語時／既聽不到聲音也沒有意義／猶如風吹過草地／老鼠走過天花板上破碎的玻璃／有輪廓而沒有形體，有陰影而沒有色彩／癱瘓的力量，沒有動作的姿態／那些朝向死亡的另一國度的人／路過時以目光直視我們／如果他們能夠記得／在他們的記憶中／我們不是迷惘的粗暴靈魂／而是空心人／用稻草填充的人。

這真的是「贏得世界，卻失去了自己」！

愛因斯坦說得好：「別將心力耗費於外在的成就，要將心思用來追求內在的價值。」與其在現實世界裡投機取巧的爭取「出人頭地」，不如在現實成就上「自甘人後」，以便給自我實現留下更大的空間。

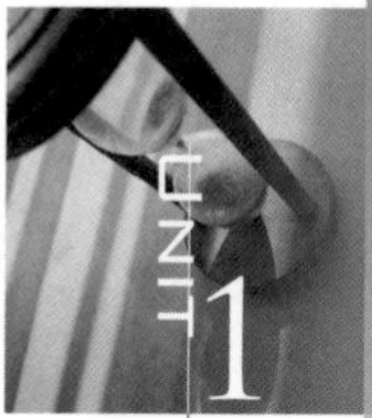

理想是成全自己的心願，活出自己最大的潛能，做有意義的事，體驗人生各種難得的美好經驗與感動，讓自己覺得這樣的一生充實、值得；而現實則是屈就於養家活口的不得已，為了別人的羨慕與掌聲而做自己不能認同的事，滿足了虛榮心卻看不見這樣的生活裡有何意義與價值。

所有的人都在內心裡渴望理想，所有的人都在內心裡鄙視現實，所有的人都崇拜敢於活出自己的人，所有的人也都羨慕可以把理想付諸實現的人。因此，人應該是無時無刻不在追求理想，找尋活出自己的機會。

但是，事實卻又好像剛好相反，我們好像一輩子都在屈就現實，一輩子都在追求人云亦云的「成就感」而不曾成全自己，甚至在有了孩子之後，還害怕孩子會不顧現實的去追求理想。為什麼？

關鍵在於我們對於現實的可畏有太多不真實的想像與誇大，對理想的可貴卻了解得太少！譬如「愛情與麵包」這個古老的話題，把現實比喻成不可或缺的具體事物，花力氣就可以得到；而把愛情與理想想像成抽象而飄忽不定的東西，花再多心力都可能得不著。在這種比喻下，很多人當然寧可去追求看得見、摸得著的現實，而畏於去追求看不見、摸不著的理想。

但是，麵包與現實不見得就真的那麼唯物而牢靠，愛情與理想也不必然虛幻而可有可無。畢竟，不管現實或理想，最終的目的都是為了快樂與幸福。而快樂與幸福都是心裡的感受，就不可能無關乎心靈的滿足。假如我們最終想要的是心靈的滿足、人生的幸福，以及活出自己的意義與價值，那麼物質只不過是媒介，而現實也只不過是追求幸福的工具而已。

就像一趟喜馬拉雅山的旅程，現實只不過是支持你爬上巔峰的基地營，不可或缺，但畢竟不是真正的目的；如果耽溺在基地營裡而忘了攻頂，就枉費一路上的辛苦。同樣的，一輩子畏於現實而不曾去追求過理想，不曾認真的為自己活過，那就枉費一輩子所承受的煩惱與痛苦了！

錢能買到的幸福

人必須不畏於現實，才敢去追求理想；想要不畏於現實，就要先徹底看清現實到底是什麼。

很多人以為財富和現實都遠比愛情與理想具體、可靠，事實上它們和愛情與理想一樣抽象！

很多人以為財富和現實可以買到快樂和幸福，卻很難看清楚富人不必然比窮人更快樂。

財富是抽象而飄忽不定的，就像股票與房地產，表面上有很堅實的物質性基礎，但是它們的價格卻隨著飄忽不定的人心而暴漲暴跌，所能換取的物資和服務則要看瞬息萬變的匯率和通貨膨脹率。花不掉的錢得拿來投資，但是一場次級房貸卻讓許多人的財富變成廢紙。一個人問他朋友：「聽說你去年賺了很多？」他得到這樣的回答：「賺五年說不定一年就賠光，不到死的那一天很難蓋棺論定。」

現實是具體的、物質的？還是抽象的，隨著人心而變幻莫測？吃飽穿暖這種最基本的現實確實是純物質性的、不可或缺的，但是一旦超過吃飽穿暖的基本需要後，所有的現實通通都是抽象的，比愛情和親情更可有可無，甚至是與事實脫節的想像。

很多公司的小職員午餐只能吃六十元的便當，因而很羨慕大老闆經常吃數千元的料理或西餐，覺得自己如果可以天天吃藍帶三星的餐廳，一定會很快樂。但是，天天吃藍帶三星餐廳的大老闆卻根本感受不到這個小職員想像中的快樂——吃慣了就稀鬆平常，沒什麼好快樂的。

小職員為什麼羨慕吃頂級料理的人？因為頂級料理對他而言很難得。難得才會覺得可貴，重複的次數夠多就會覺得不稀奇，重複的次數太多就會覺得厭膩——金錢所能買到的快樂全部都有這個局限。

所以，小職員每天吃六十元的便當，沒什麼感覺；偶爾吃一次兩、三百元的大餐，覺得很快樂；很難得吃一次八百元的豪華大餐，快樂得不得了。大老闆呢？每天吃上千元的午餐，沒什麼特別的感覺；偶爾吃到沒吃過的料理，很開心；很難得有機會喝到好年份的紅酒或頂級魚子醬，開心得不得了。兩個人的花費差距百倍，每個月快樂的次數差不多，超開心的次數也差不多——難得才會覺得可貴，與頻率有關，與花費多少錢關係較小。到頭來，五萬元所能帶給富人的快樂，抵不上五十元所能帶給小學生的滿足——而且這個小學生說不定還把這五十元存起來，根本不用花它就已經很快樂！

許多好萊塢女星都有藥癮與性癮，夜夜狂歡。是她們天賦異稟，還是特別墮落？都不是，只是因為無聊到無法忍受，只能在藥品與性當中找尋刺激——她們錢多到想要什麼就有什麼，吃不稀奇，穿不稀奇，遊艇、飛機、城堡也都不稀奇，還能有什麼快樂可言？性與毒品的狂歡派對好像很刺激，其實卻是找不到快樂的人最後的一條路，或窮途末路。美國許多富二代都因吸毒而橫死街頭，就是因為已經沒辦法用錢買到快樂，只能靠毒品維持亢奮而不至於無聊至死。

所以，人必須有能力追求金錢買不到的快樂。如果你的快樂都是用錢買的，而不知道其他滿足自己的方式，那麼但願你一輩子錢都不夠寬裕，以便保有一些憧憬、盼望。

貧窮的富裕

人耽溺在現實裡，因為他只看見現實所能帶給人的滿足，而看不見現實之外，人到底能獲得怎樣的滿足。香港人「以命搏錢」，因為他們只看得到財富所能帶來的快樂，而想像不出其他種類的滿足。

但是，人的需要有很多種，除了衣食住行之外，人還需要親情、友情、成就感與意義感；快樂的來源也有很多種，很多是不需要花錢就可以獲得的。因此，很難說有錢人一定比窮人更富足。

著名的法國修女以馬內利（Sœur Emmanuelle，一九〇八—二〇〇八）生於優渥的家庭，她一輩子都在服務窮人。六十三歲時到埃及貧民窟與拾荒者住在一起，直到八十五歲高齡才被教會強迫退休。回到富裕的歐洲後，她看到許多令人困惑的現象，而在《貧窮的富裕》（*Richesse de la pauvreté ?*）一書中寫下：

> 這是一個令人百思不解的弔詭問題：住在開羅貧民窟的拾荒者，他們一無所有，卻總是笑容滿面；在我們富裕的歐洲，批評、責難則是司空見慣之事，我們甚至忘了最簡單的活著的喜悅。

快樂是很抽象的東西，它只需要親情和友情，加上一點點物質的基礎，就可以靠想像與發明而創造出各種心靈的滿足。

六、七年級生聽長輩說起他們的童年，簡直像在聽遠古的傳說，在那個物資貧乏的美援時代，孩子們卻似乎過得更快活。四、五年級生的童年，無論是在客家庄、閩南村或者眷村，大家的經濟條件普遍都差，每一家都需要鄰居在人力、物力或財務上相互支援，因此串門子是常見的事，小孩子更是好幾戶全部玩在一起，大的帶小的，大人完全不管。小孩子最重要的快樂來源是同儕，金錢與財富離他們的現實太遙遠；男生只需要最簡單的工具，就可以自己做燈籠、火把、空氣槍，打水仗、抓蟬、釣魚、玩紙牌、打彈珠、捧泥巴；女生用最簡單的工具扮家家酒、跳繩、摺紙、跳房子、捉迷藏、七嘴八舌說故事，甚至跟男孩子一起玩，天黑了還不知道要回家。

快樂不僅來自於財富，更來自於親情、友情與鄰里的情誼。在貧窮的社區裡，大家都窮，大家都不怕窮，因為在鄰里和親戚的相互賙濟下，總有辦法度過困境；在這些社區裡，由於有互助的需要，因此願意彼此分享，社區內情感關係緊密，誰也不羨慕誰，誰也不嫉妒誰，充滿台北豪宅區裡欠缺的友誼和親情——在這些社區裡，財富與社會成就的差距讓人彼此嫉妒，離間了人的關係和感情，使得人們在財富上所得到的抵不上在情感上所失去的。感情帶給人的滿足可以彌補貧窮的不足，有時候更勝於財富。

此外，在傳統社區裡，財富與成就只不過是評量一個人的諸多要素之一，每一個人都知道鄰居的人品和能力，為富不仁者背後總會有人指指點點，聰明幹練的人會被誇獎，善良或急公好義則是人人稱道，每個人的優點都有機會被看見。在貧困的社會裡，人們用不同於富裕社會的方式肯定自我、滿足自我並且創造生活的樂趣與幸福。

去過貧窮、落後地區旅行的人大多會發現這些地區的人整天帶著笑容，無憂無慮，遠比我們快樂。其實貧富是比較出來的，當身邊所有的人都窮時，就沒有人會覺得自己窮。不丹的人原本很窮，但貧富差距很小，連皇宮都是鐵皮屋頂的傳統平房，因此每個人覺得自己很富足，想不出還需要什麼。後來不丹引進了電視，人們開始覺得自己比外國人窮，而想要更多。接著經濟發達了，貧富差距也逐漸擴大，於是每個人只看到自己沒有的，看不到自己所擁有的，不快樂的人愈來愈多，覺得自己是富足、快樂的人，從過去的百分之九十七掉到百分之四十一。不丹的例子告訴我們欲望不是人心中固有的，它是與別人比較而產生的，沒看到可欲就不會想要，所以老子說：「五色令人目盲，五音令人耳聾，五味令人口爽；馳騁畋獵令人心發狂，難得之貨令人行妨。」

不同的社會有不同的物質條件，人們在這基礎上發明取悅自己和親人、朋友的方法。因此，很難說富裕的社會一定會比較快樂。不丹和台灣社會的發展過程都顯示經濟發展的過程會改變我們和鄰里、親戚、朋友、家人的相處模式，而使我們失去原有的快樂，甚至失去自己，以致失去的往往比得到的多。因此許多歐美的知識分子刻意不買電視，以便把時間保留給家人和自己。

將財富和心靈的滿足加總在一起，認真去衡量人一生全部的所得，你就會知道，財富不一定比心靈的滿足更實在，現實也不一定比理想更要緊。

現實與理想的優先序

心理學家馬斯洛（Abraham Maslow，一九〇八—一九七〇）創立了需求的階層理論，他將人的需求由低而高分成五個階層：飲食男女的基本生理需要、健康與職業的保障、情感的需求、自信與被尊重，而最高的渴望則是自我實現；低階的需求要先被滿足之後，人會自動調節需要，逐步去追求更高階的需求。根據這個理論，人必須要先照顧好現實才有資格談理想。

不過許多後來的研究顯示這些需要的優先序受到教育、文化與個人思想的影響，沒有清楚而固定的模式；甚至在同一個社會、同一個家庭內部的成員都可以不一樣。因此，與其說人會在獲得低層次需求的滿足後，「自動」去追求較高層次的滿足，不如說人是因為「有能力」去追求較高層級的滿足，而擺脫對低層級需求的可欲。換成與我們的主題相關的說法，有能力追求理想的人對現實的需要很低，不敢追求理想的人，給他再多的現實都覺得不夠。根據這個觀察，人必須要先有理想，然後才有機會走出現實的泥淖。

人的快樂、滿足與自尊、自信可以有很多來源，不一定都要來自飲食男女和功名利祿。當一個人的心靈夠敏感時，即使是草地上不起眼的小花也能使他非常感動；還有穿透竹林灑落滿地的晨曦、青草的芳香，這些滿足俯拾皆是。閱讀一本好書，欣賞一部好電影，苦思一則禪宗公案而豁然開朗，所費有限而獲益無窮；如果每日都在思想、情感與智慧上有所增進，遠比外在的成就更值得自我肯定。孔子說：「飯疏食飲水，曲肱而枕之，樂亦在其中矣。不義而富且貴，於我如浮雲。」他的樂趣並不在於「飯疏食飲水，曲肱而枕之」，而是在於欣賞音樂、大自然，以及做有意義的事，譬如：「學而時習之，不亦說乎；有朋自遠方來，不亦樂乎。」

德蕾莎修女服侍窮人的目的是希望讓他們感受到愛，以及在被愛中感受到自己是有價值的人。德蕾莎修女這樣把愛當作人生最高價值的人，她永遠不覺得有任何的缺欠，她只需要一點點微薄的現實基礎，就可以創造出規模龐大的理想志業。

中西的智者都勸人要淡泊名利，這不是自命清高的違心之論，而是因為他們另有自足的快樂，也有更高的人生意義與價值，使他們毋須透過功名利祿便獲得比現實世界更難得的接納、肯定、尊敬，與真誠的愛。

有機會跳脫現實的不僅是少數的心靈巨人，也包括許多名不見經傳的常人。經濟的發達使得每個人都成為大社會裡的小齒輪，整天身不由己的淪陷於現實。另一方面，富裕的社會使得現實的需要變得很容易滿足，因而也給了人們遠比以前更多的選擇機會，譬如一九九〇年代在歐美開始興起的「不消費主義」（freeganism），這群人想要用完全不一樣的方式過生活，他們力行「不消費」的守則，來對抗不利於環境、情感關係和個人心靈的消費主義；他們將無人的廢棄住屋重新整修成自己的居所，或者搭帳棚露宿，而不想要成為房屋或所有權的奴僕；他們從社區的垃圾箱裡找出還沒過期也沒被用過的食品和食材，加上自己種植的新鮮蔬果，當作食物的來源；他們也從垃圾箱和廢物堆積場裡找出各種堪用或可修復的衣服、日用品和家具，予以修復或改良後使用；他們走路或騎腳踏車，連搭便車都儘量避免。

這不是一群頹廢的人，而是一群有理念和理想的人。他們有些人是擁有高薪的上班族，為了環保的理由而厲行「不消費主義」，將薪水捐給非營利組織。他們有很多人不上班，把時間用來閱讀、寫作、思考、陪伴家人，以及推動社區公益活動和社會改革。他們不使用現金和信用卡，但是他們與華爾騰湖畔的梭羅（Henry Thoreau，一八一七—一八六二）有一個很大的不同——他們入世而不孤獨。

現實不可怕，可怕的是沒有理想，找不到人生的意義和方向，只能隨波逐流而不曾為自己活過。

結語

理想是有意義、有價值，可以讓人懷著熱情，興高采烈去做的事；它可以讓人不計得失，甚至犧牲生命也覺得值得。現實是欠缺意義和價值的事，它引不起人的熱情，讓人做起來不甘不願。

但是，只有少數人敢於犧牲一部分的現實去換取理想，大多數人卻再怎麼厭惡都得屈服於現實，再怎麼渴望理想都可以輕易拋棄它。關鍵在於你有沒有嘗過理想的滋味，以及培養出追求理想的能力。嘗過理想的滋味才會捨不得放棄理想，沒嘗過的人才會整天把理想掛在嘴上卻可以輕易放棄。

一個人必須要有能力在追求理想的過程中獲得比現實更深刻的滿足，他才敢掙脫金錢的束縛，把一部分的時間用來追求理想；一個人必須有能力看見自己想要追求的人生意義與價值，才敢不顧別人的想法，認真的去做自己。

人應該要趁著年輕去品嘗理想的滋味，培養出追求理想的能力，找到值得自己奮鬥的人生意義和目標。如果你還沒學會，趁現在趕快開始——縱使晚開竅，也遠勝過一輩子不曾開始。

life

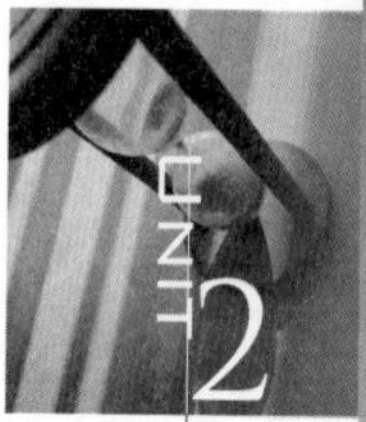

快樂，在不景氣的年代裡

全球景氣低迷，好工作難找，年輕人往往入不敷出，而且這種低迷的狀況可能會持續好幾年，該有什麼對策？你可以積極培養各種不需要花錢就能快樂的能力，然後省吃儉用、量入為出；你可以更積極賺錢，但是不要忘記留時間給自己和家人。

快樂不一定要用錢購買；愈是不景氣，愈需要不花錢就能獲得的快樂與滿足。想像力豐富的人，他的快樂不需要仰賴物質，因此孩子遠比大人更能在貧困的生活裡創造出快樂的童年。「希望與榮耀」（Hope and Glory）是一部自傳式的金球獎電影，導演回憶他十歲時生活在被德軍轟炸的英倫，以及在那物資貧乏年代裡的無窮歡樂。德軍炸毀學校，所有學生都為意外的假期熱烈歡呼；英國飛機和德軍飛機在天空纏鬥，小學生們亢奮的在街道上為英國空軍加油，猶如觀賞一場世界足球賽；空襲使得整個街道變成廢墟，孩子們卻把它當作尋寶與探險的樂園；叛逆的姐姐愛上加拿大來的士兵，用各種克難的方式打扮去約會，等到懷孕而不知所措時才重新體認到親情的可貴；戰爭把父親帶離家園，大火燒毀了家，卻因此搬去和慈祥有趣的外祖父團聚，在鄉下展開一個難忘的夏季；主婦辛苦歸辛苦，卻也不乏生活情趣，她們互換穿過的衣服，替代逛街購物的樂趣。

隨著童年消失，我們往往會失去這些簡單的快樂。但是，在每個人成長過程中，都有機會發展出其他不需要花錢就能得到快樂與滿足的能力。這些快樂與滿足帶給我們的成就感可以超過童年的歡樂，它們合併著知性與感性，將我們帶到更高的精神層次，獲得心靈成長的喜悅與滿足。

不景氣年代裡的苦與樂

三、四年級的人小時候的早餐往往只有一根油條和一碗稀飯，卻照樣度過歡樂的童年。還記得往事的人應該都能相信再不景氣，生活裡還是可以充滿歡樂。省吃儉用的日子苦不苦，要看你用什麼態度去面對。

不景氣的衝擊大概就是出國的次數要減少、外食的次數要減少、添購衣服和家具的頻率要減少，但是娛樂和逛街的樂趣卻不一定會減少。電視的旅遊節目那麼多，各國美食充斥台灣的大街小巷，Google 地圖上可以看到全世界大小城市的街景，出不出國差別已經不是那麼大；網路上可以免費下載的音樂、電影多到不知道如何挑選，各種有意義、有趣的資訊多得看不完，即使不看電視，光是上網就可以獲得無窮的樂趣。

外食的次數少了，家族聚餐的樂趣卻不必然會減少。網路上有各種食譜，在線上字典的協助下甚至可以試做各國食譜。如果爸媽、兒女、媳婦一起來，各做各的拿手菜，有人負責煮菜，有人負責切洗，有人負責食譜的搜尋與翻譯，在家吃飯的樂趣不見得會輸給上館子。

一家人在廚房裡互動的情趣，絕對不是上館子可以代替的。回憶年輕時的生活，我最懷念的是週末全家人一起做包子。一大早起來爸爸已經揉好麵糰，我喜歡擠在廚房看爸爸幫媽媽炒內餡，自己順便當小工，幫忙拿東拿西，順便照顧爐上的豆漿。等內餡炒好，紅豆燜熟了，跟著爸媽一起做包子。小時候技巧差，包出來的包子大小不一，皮的厚度不勻，甚至連收口都常沾到油而捏合不牢，只要蒸好的時候包子還完整，沒有露出內餡，就已經得意得不得了。每次包包子技巧都有進步，皮的厚度愈來愈勻，餡的量拿捏得愈來愈準，皺摺和收口也都捏得愈來愈漂亮，更是得意。一天下來，邊忙邊聊天，滿足了口腹之欲與親情，也滿足了實用的目的：包子可以當午餐，斷斷續續吃好幾天，免得天天吃便當吃到膩。不過我最懷念的是一家人一起包包子的那種情趣，尤其面對不苟言笑的父親，和他一起在廚房幫媽媽做包子、餃子是我們父子最親近的時刻。

不景氣的年代裡，要靠知識、想像和創意去開創生活的樂趣。

不景氣的年代裡，絕大多數人還是會衣食無缺，沒有創意的人或許會覺得日子無聊，但最大的痛苦大概就是覺得「日子不如從前」。

談到現實世界所能帶給人的痛苦，其實通常是因為與別人或過去作比較，而不是因為匱乏或無法滿足生理上的需要。不景氣的年代裡，大家的財富一起縮水，與別人比較的相對財富不見得有縮水，因此主要的痛苦來自於和過去比，或者看不到未來。

與過去比較而引起的痛苦，是因為只看到失去的，而看不到當下所擁有的，又沒有能力開創新的樂趣。至於看不到未來，那是因為心裡仍舊執著於財富所能帶來的幸福，而沒有看到財富以外的各種樂趣與滿足。

不景氣的年代裡，有人加倍努力想要賺更多錢，但是此時節流比開源更容易，不花錢的樂趣遠比額外的財富更容易取得。如果要認真計較每一分心力的成本效益，不景氣的年代才更需要追求心靈的滿足。或者更真確的說，無論景氣與否，心靈的滿足都遠勝於物質的滿足——關鍵在於你有沒有能力體驗和分辨。

社會富裕的結果，物質的滿足取得太容易，使得很多人耽溺在物質的享受裡，而沒有機會去體驗心靈的滿足，也因此沒有能力分辨情緒性的滿足或心靈的滿足。

當你看完一部動人而值得深思的電影，你的心裡有著滿滿的感動，那種感動有多深刻、難得，或者對你的啟發有多深刻，我們就說那部電影有多深刻。愈是深刻的電影，你的感動持續得愈久，而且經歷過那種感動之後，你的人生有了新的視野，你發現生命裡有一種值得珍惜的價值，你發現心靈裡有一個以前不曾看見過的角落；你會一再玩味這份感動和省思，並且因而使得你的生命更加深刻、厚實。這樣的感動、成長與景氣無關，用心去追求就會得到。

時間可以用來換取當下的滿足，這是一種時間的「消費」；時間可以用來發展各種體驗人生的能力，為了未來有能力獲得更高的滿足，這算是一種時間的「投資」。閱讀好書、觀賞好電影、欣賞藝術，既是時間的消費也是投資，因為我們既獲得當下的滿足，也獲得成長的喜悅。

反之，一個生活沒有目的，整天逛網咖或夜店的人，不管打電玩、唱歌、跳舞、嗑藥時情緒有多高亢，一走出網咖或夜店，所有的快感瞬間消失，還沒到家就已經再度陷入孤單、寂寥與惆悵。這種情緒性的快感不具有持續性，純屬時間的「消費」。準確的說，它們只能算是「刺激」、「發洩」或「亢奮」，而不是滿足。

打電玩也有機會獲得持續一夜或數天的成就感，但不會得到真正有益於現實或理想的成長，所以還是純屬時間的消費，與耽溺於賭博、看武俠小說或吸毒沒有太大的差別。

不景氣使得消費性的娛樂減少了，但是心靈成長的機會或許反而增加了，就看你如何自處。

徜徉在牧歌的情懷裡

大自然所能帶給人的滿足與感動千變萬化，隨著一個人的成熟度與心靈的敏感度，展現出各種不同的風貌，可以讓人一輩子都不厭倦，甚至讓人達到現實世界裡不可能獲得的感動與幸福。

詩人濟慈（John Keats，一七九五－一八二一）在二十一歲時寫信給哥哥：「我們只不過是溪流、湖泊與山巒的產物。」的確，大自然是所有詩人的母親，她孕育了詩人的情感，讓他體會到比名利、權位更有味道的情感世界，甚至讓他從年輕時就在心靈深處喚起一種莊嚴、崇高的情感！

所有根植於人性深處的文化都誕生於鄉村，誕生於昆德拉所謂的「牧歌的情境」中，而不是誕生於都會或工業城的情境。

大自然的姿態多變，撩撥著人們內心各種不同的情懷。秋天的雲在高空疾馳而過，迥異於冬天低垂而陰霾的烏雲；五月的風，讓人四肢酥軟，只想躺臥在草地上聞青草的香味；七月的傍晚，徐徐的涼風讓大汗淋漓成為一種爽朗的豪放；九月的秋風捎來略帶愁緒的詩意，二月的寒風凜冽則讓人懷念冬陽的溫暖——四季的風吹拂在皮膚上可以引發不同的情愫，甚至空氣裡的溼度、四季裡土壤的氣味，都帶動著不同的情懷。每一棵樹的樹幹、枝葉都有不同的曲線與姿態，引人遐思；陽光穿透樹葉灑落在地上的光影，隨著微風徐來而款款舞動，帶給人輕盈而恬適的輕微喜悅。

大自然讓人放鬆，都市讓人緊繃，我每次去台北都覺得累，沒有一刻能放鬆。在台北看行人匆匆趕路的姿態，你會緊張；在捷運站裡被推擠著前進，心會糾成一團；周遭的人都好像是懷著特定的企圖、目的在奔忙，搞得你心情窘迫，彷彿非得跟上那個節奏不可。到了北埔或美濃，你會很想停下車來，改騎腳踏車；你會想要脫下西裝，改穿短褲拖鞋；你會想吹風，你會想坐在草地上徜徉。

只有在悠緩的情境裡，人的心才能夠沉靜，靜得可以聽到自己心裡的聲音。來自人心最深處的聲音，我們稱為「人性」，或「人性的底層」。都市充滿喧囂與刺激，好像有很多「文化」，但囂鬧與刺激讓人聽不到自己心裡的聲音。離開了鄉村，只剩下商業的聲音，很難聽到「人性」的聲音；只有商業文化，很難有人性的文化。因此，歐洲每一座偉大的城市都有一個公園，大到聽不見城市的喧鬧，大到你可以在裡頭沉思、傾聽自己心裡的思想。

大自然中不僅蘊藏著美，更蘊藏著莊嚴、崇高、神秘而接近於神聖的情感，使得它在十八世紀以後取代了西方傳統的上帝，而成為許多人心靈的聖殿。湖畔詩人華茲華斯（William Wordsworth，一七七〇—一八五〇）用一生的心力去領略、探索這種崇高情感的來源，發現它是遍在於大自然與人類心靈深處的一種情懷，打從童年時期，他就已經在純潔的心靈裡感受到這種莊嚴、崇高的情感，以及他和那個神秘世界不可分的關係。

在代表作〈亭潭寺〉和〈頌詩：童年回憶的永恆啟示〉裡，華茲華斯描述了大自然如何一再使他解脫肉體的重負，使得整個世界都在一種莊嚴而神聖的情懷中被照亮而變得輕盈；在大自然裡，他經常聽到人性深處靜謐而憂傷的樂曲，用溫柔而恬靜的力量撫平他的痛苦和不安，用昇華的思緒帶給他盈滿的喜悅。他也終於體悟到莊嚴崇高的情懷一直都深深的浸漫於人天交融的夕陽餘暉、浩瀚的海洋、清新的空氣、蔚藍的天空和人心深處，雖然人們會因為長大後的思慮，失去童年的純真與來自大自然毫無隔閡的感動，但是那份感動將一輩子藏在記憶的深處，等待著一再被重新發現。

乘著歌聲的翅膀

散文和音樂就像大都市裡的公園，是心靈停泊的港口，也是心靈的營養補給站。尤其是浪漫音樂，隨時都可以用它的翅膀帶我們遠離塵囂，或者如同陽光般照亮我們暗沉的心靈。

音樂是屬於每一個人的，接觸久了通常就會愛上它。很多工學院的教授很用心在聽古典音樂，有相當深入的心得，甚至聽得出指揮、樂團和演奏者的細微差別。更有趣的是，這樣的教授似乎都比較不會汲汲營營，自甘寂寞的作研究，更從沒聽說過他們把學生當作追逐名利與權位的工具。

真心愛上音樂、美術或文學的人往往比較有格調、有堅持，我猜是因為他們可以從藝術與人文世界裡，獲得超乎名利與權位的感動和滿足，自然不屑於現實的鄙薄與貪婪！

無論是音樂、美術或文學，最容易被接受的就是浪漫主義的作品。這些作品通常使用誇張的手法去渲染容易被撩撥的情緒，因此具有強烈的感染性，很容易引領聽眾去感受現實世界裡所沒有的奔放、細膩和優雅，並且陶醉在那世界裡。音樂搭配上表演，感染性更強。我高中時，學校舉辦德國歌劇音樂節，播放了幾部經典的德國歌劇和一部俄國的歌劇「伍采克」（Wozzeck），搭配中文字幕，風靡了整個新竹中學，很多人因此開始聽歌劇，甚至因此選擇到德國留學。

不過，音樂並非總是以渲染情緒為尚，貝多芬和巴哈的許多音樂裡有莊嚴、肅穆、崇高、神聖的情感，以及深刻的憂傷、困惑與安慰。音樂是一個廣闊的世界，從原始部落的清唱或輪唱，到古典音樂或各國民謠，訴說著千百年來最動人的喜悅、陶醉、痛苦、莊嚴和悲傷。

散文、詩歌與小說又是另外一個精神世界，可以帶給我們各種深淺不一的愉悅和滿足。我國一時的國文老師是位老太太，全班同學跟她彼此相恨，一個學期下來都沒給對方好臉色。但有一次上課，課文是〈秋，聽說你已來到〉，老太太簡直變了一個人，喜孜孜的講述她少女時代的青島，從秋天怎樣一路講到春天又怎樣，講個不停，臉上充滿光芒，苛薄寡恩的老太婆突然變成情竇初開的少女，充滿迷人的神情和丰采。我看得傻眼、聽得傻眼，突然發現有個令人痴迷的世界叫「散文」！我開始去書店找許達然的散文、鄭愁予的新詩，背唐詩、宋詞，念漢賦和《古文觀止》。接著又「為賦新詩強說愁」，在散文和詩詞的引領下去溪邊、天際、沙灘、山巒、樹林裡尋找浪漫的情懷，開始了文藝青年和大自然的邂逅。這些接觸使得我對大自然與自己的情感都變得愈來愈敏銳，也愈來愈能跨越文字的障礙去感受作者的情懷，為我奠下了後來閱讀名著小說的基礎。

孔子說：「小子！何莫學夫詩？詩，可以興，可以觀，可以群，可以怨。邇之事父，遠之事君。多識於鳥獸草木之名。」文學與藝術都是廣闊的天地，從容易被撩撥的浪漫情感到莊嚴、崇高的情懷，以及對人性深刻的表白與剖析，盡在其中。

如果有能力悠遊於大自然與人文歷史的廣天闊地裡，誰還會在乎名利和權位？現實，就留給那些沒有能力追求理想與熱情的人吧！

結語

快樂有很多種，一時的情緒性亢奮或快感、心靈的愉悅或滿足、深刻的感動或啟示，它們帶給人不同層次的滿足，因而有著不同層次的價值。離開了童年就必然失去簡單的快樂，但是如果用成長的喜悅去交換童年，就不會悵然若失。

可惜的是，很多人只是失去了童年的純真與歡樂，卻沒有獲得心靈的成長，沒有發展出更深刻而成熟滿足心靈的能力，因此只能耽溺在遲早會厭倦的物欲裡。沒有辦法持續自我成長的人生，遲早會因為生命裡再也沒有新鮮事，而覺得愈來愈空虛。

求全毋須委屈

很多人覺得「做自己很難」，因為這個社會上的成功者都是虛偽狡詐的人，老闆喜歡拍馬屁的人，客戶喜歡阿諛奉承的人，坦蕩無欺的人根本很難有出頭天。因此常常有人勸我，人要懂得委屈求全，先取得好的社會地位和權力才能施展抱負，而不會有懷才不遇的遺憾。我一直都聽不懂這種道理！

一個人一旦違背自己的價值觀去逢迎理念不相同的人，就註定只能用委屈換來的權位去做違背自己理念的事，因而更加有志難伸，如何能成全自己？而且，一旦違背自己的價值和理念，就已經人品殘損甚而卑劣，還有什麼資格談「求全」？

現實世界裡確實道高一尺而魔高一丈，有守有為的人常在競爭激烈時輸給不擇手段的人。因此，想要成全自我的人，往往要犧牲一點現實的利益，甚至在現實世界裡受一些委屈。但是，如果你能看見自己作為人的價值，就不會在乎外在的功名成就，而寧可犧牲現實的好處來成全自己作為人的價值。更何況，功名成就只能換來陌生人的豔羨，至於你真實的人品，家人、親戚、朋友都看得見，不擇手段或者想要「委屈求全」的人，到頭來只是欺騙了陌生人，卻欺騙不了自己和親近的人。

做自己到底難不難？關鍵在於你要的到底是追求功名還是要成全自我，以及有沒有能力看見比功名利祿更值得追求的價值。如果你只看得到無知者豔羨的眼神，卻看不到自我，也看不見明眼人鄙夷的眼神，當然會選擇功名；如果你不知道作為人的真正價值，當然會捨不掉功名利祿。

捨不得功名利祿的人，要做自己當然很難；不但難，根本就不可能！但是，成就了功名而犧牲了自己，那種功名到底有何意義？

很多人以為只有大學教授有機會追求自己的夢想，一旦進入實業界就只能委屈於現實。一個朋友因為家貧無法出國留學，大學畢業後就為了替父母償債而進入商業界。但是他無法放棄當教授的夢想，常常跟我談起「為了養家，不得不從商」的委屈，以及對大學教授這個行業的無比敬意。其實，教書、經商只不過是職場的角色扮演，怎麼會有一貴一賤的成見？

職業沒有貴賤，貴賤之別在於存心與為人。大學教授用假發票A國科會的錢，有何尊貴？大學教授不關心社會，只想利用學生炒作論文來換取名利與權位，有什麼值得尊敬的？反過來說，松下幸之助立志生產價廉物美的電器來造福窮人，這樣的胸懷與作為有幾個教授比得上？

一個菜販，兩個總統

我們會為了成就功名而犧牲自己，或者誤以為委屈可以求全，往往是因為分不清楚「羨慕」和「敬重」的差別。

一個人的財富、權位和功名可以換來陌生人的「羨慕」，卻不見得可以換得知情者的「尊敬」。拿陳水扁、馬英九跟陳樹菊比，你會羨慕誰？你會敬重誰？

你可能會羨慕一個總統的權位和貪汙來的錢，但是你不會敬重這樣的總統。陳水扁當選總統時已經家財萬貫，兒女和女婿又都是高收入或高學位的人，全家最不缺的就是錢。而且陳水扁挾帶著數百萬人對政治革新的期待而上任，如果他肯用兩任的時間盡心盡力從事政治改革，今天他不僅會受到台灣人的敬重，甚至連後代子孫都會受到台灣人歡迎，這才是真正可以增加他的人生意義和價值，同時造福子孫的作為。但是他的貪汙造成女婿效法，損及女兒婚姻，兒子和媳婦也變成被告，連孫子的照片被公布在電視上時都要打馬賽克。因為分不清楚什麼是人生中重要的和沒有意義的東西，以致禍及子孫，把一個原本可以幸福的家庭變成一個許多人唾棄的家庭，甚至殃及無辜的孫兒。陳水扁聰明過人，欠缺的是智慧！

馬英九則是另一種案例。很多人會羨慕他僥倖連任總統，因為以他的才幹頂多當個台北市長或法務部長就已經很勉強。但是現在台灣有幾個人敬重他？一個無能的總統，害慘了全台灣的民眾，八年的任期可能會讓許多青年失業而毀掉他們的一生。一個人勉強去爭取超過自己能力的權位，就是既不聰明又欠缺智慧。

蘇東坡曾有〈洗兒戲作〉詩：「人皆養子望聰明，我被聰明誤一生；唯願孩兒愚且魯，無災無難到公卿。」假如蘇東坡活在今天，知道台灣人怎麼看待馬英九，他大概也就不敢寫下這首詩了。

反觀陳樹菊，她至今未婚，卻以菜販的收入捐出上千萬台幣來幫助別人，因而得到全世界的敬重，也感動了所有受她幫助的人。陳樹菊小學畢業，卻獲選為《時代》（*Time*）雜誌百大影響人物「英雄榜」，繼而獲得麥格塞塞獎，而台灣人對她的肯定和敬重遠遠超過馬英九和陳水扁，可見得一個人要活出自己的價值，並不需要任何權位。

很多人羨慕流行歌手和暢銷書作家的收入與名氣，但是卻不見得會因此肯定他們作為一個人的價值；很多人羨慕政治人物的權力和名氣，但卻不恥他們的為人。權位與名利被叫做「身外之物」，正因為它跟你這個人的價值無關——你不會因為擁有它們而成為值得敬重的人，反而可能變成讓人不齒的人。

在工作場所上亦然，有些人靠著逢迎拍馬而扶搖直上，但是公司裡的同仁背後一定指指點點沒有一句好話；大家也許羨慕他的權位，卻不會有人看得起他，甚至連他自己也都沒辦法裝作不知道。反之，一個人才幹過人又耿直，因此不受上司重用，但他會受到公司同仁私下的讚賞和肯定；一個人專業能力平庸而急公好義，他的人品也一定會受到同仁私下的肯定。

我們真正想要的是別人的敬重，而非羨慕——因為，唯有別人的敬重，才是真正在肯定你作為一個人的價值與意義。不擇手段的人或許能成就功名，但卻犧牲了自己作為人的價值；「以命搏錢」的人是因為看不見作為人的價值、看不見生命的意義，因此追求與生命無關的事物，而不知道真正值得敬重的是什麼。這兩種人都是誤把羨慕當作敬重和肯定，因此追求最不值得的人生——或者說，根本就不曾活得像個有價值的人！

人間皆道場，理想毋須等待

職業沒有貴賤，現實也不可怕，只要在工作崗位上盡心待人並誠懇的做自己，即使偶爾被小人排擠或暗算，也不至於在職場上無法立足，更不會被大多數同業與同仁排擠，反而會有很多人公開或暗地裡敬重和肯定；很多人說「無奸不商」，但是憑著誠懇、守信而建立商譽的也不乏其人。

在激烈的全球競爭下，台灣人的每一份工作都有愈來愈大的壓力，與愈拖愈長的工作時間。

工作不但成為生活中的一部分，甚至占據了生活中的絕大部分。假如我們從工作上只獲得薪資報酬，那是很可惜的事。

在感染過松下精神的早期台灣企業和機構裡，工作被用來滿足多元的價值。在那個不見得萬事美好的時代，前輩教導後輩，長官提攜部屬，公司與政府機構都是真正的大家族；同事有急難大家一起幫忙，資深員工退休後還會有昔日的同事和部屬去探望。在這樣的公司文化，上班不僅僅只為餬口，也是建立情誼和彼此肯定的場所，很多人也從自己的工作中找到自我實現的目標與意義。即使在人情澆薄的今天，工作仍然具有提供情感滿足與意義感的功能，只不過我們往往沒去注意而已。

醫師和護士的工作就是一個典型的例子。他們的工作繁重，人命關天的救命工作本來就壓力很大，又常常面對病患和家屬的高度期待，一出差錯或引起病患和家屬的誤會，就可能會惹來言語和肢體的暴力，甚至面臨官司和高額賠償金。另一方面，醫院裡充滿無助的病患和家屬，醫師和護士的任何協助都可能換來他們終生的感激，只不過他們也許沒有說出來，而醫師和護士也往往太忙而沒有感受到。假如醫院的制度可以設計得更人性化一點，多聘一組公關人員，在急診室和候診間走動，主動趨近無助或焦慮的病患和家屬，提供他們需要的資訊，緩和他們的情緒跟焦慮，釐清誤會，就可以減少醫病衝突，也讓醫護人員可以在比較合理的工作壓力下感受到病患和家屬的感激，讓他們從自己的工作中獲得情感和意義感的滿足。

老師是另一種很有意義的工作，我很喜歡為老師們演講，並且常自豪說：「我是立志要當老師而成為老師的，不是為了餬口而成為老師。」好老師啟迪學生的觀念，打開他們的人生視野，讓他們看到值得追求的人生目標，培養達成這些目標所需要的關鍵性技巧和能力，往往因此改變學生的一生，甚至讓他們永遠記憶在心。可惜的是，很多人畢業多年後才體會到老師為他所做的事，以及他從老師那裡所得到的珍貴啟發與能力，而他心裡的感激或許從來沒有讓老師知道。所以很多大學教授不去用心栽培學生，反而把學生當成自己牟取權位與名利的工具，就只因為他們沒有能力看見教育工作更有價值的收穫——學生的成長與常記在心的一份情。

在這大社會裡，也許每個人都是一顆小螺絲釘，但是只要你領得到薪水，就表示你的工作有它的價值和意義，有它不可或缺的理由，有它影響社會運作的可能性。公務員依法行事，好像很無聊而沒有意義，但是一個戶政事務所的員工向申請的人翻白眼，可能讓他一天不開心，也可能讓他自尊心受挫一兩年；一個社會局員工的無心之失可以讓一家人生活陷入困境，而他的用心奔走也可以讓一家人脫離一時的經濟窘境；一個司法人員的怠忽職守可能造成一場冤獄，而他的用心可能會讓一家人脫離地獄般的焦心、痛苦；公務員可以貪汙，就因為他手上有別人需要的東西，他可以用手上的公權力造福人，也可以因為濫權或怠忽職守而使人無辜受害。

許多企業的老闆唯利是圖，甚至不擇手段，但是並非所有老闆都這麼惡劣；而且私人企業以服務客戶的需要來牟取利潤，認真替客戶著想，通常都符合公司的利益。此外，雖然每個辦公室都有擅長逢迎、奉承與勾心鬥角的同事，但通常也會有可以坦誠相交的同事。只要你能用心體會「對身邊的人做好事」的意義和價值，並且盡心善待跟自己職務有關的每一個人，你就有機會在自己的工作裡得到感情的回報、工作的意義，以及身周人對你的肯定。

可惜的是我們受到美國英雄主義的影響過深，很多人都只在乎權位和名利，想要擁有「改變世界的力量」，卻不曾看清一件簡單的事實：假如你的能力僅僅止於用卑鄙的手段改變世界，因而使它變得更惡劣，那麼這個世界將寧可不曾有你，而你對這世界也只不過是負面的存在，沒有任何正面的意義和價值。

很多官員入閣時沾沾自喜，以為權位的授予就是對自己能力出眾的肯定。但是一群無能的閣員盤占著超乎個人能力的權位，結果不但害得生靈塗炭，更受盡國人鄙夷、唾棄。這些人都沒有想清楚一個簡單的道理：重要的不是你擁有多大的權力，也不是你有沒有機會改變這個世界，而是你有沒有能力讓這個世界變得更好，而不是變得更糟！

反觀一個公司的小小營業員，願意體貼入微為客戶著想，帶著誠懇和熱情為客戶服務，不就是在改善這個世界？一個公司的小小職員，願意熱情誠懇善待公司同仁，急難相助、解人憂慮和委屈，自然就是一個不平凡的人。人生的價值和意義不在於你的權位，而在於能不能盡一己之力讓身邊的人受惠於你。陳樹菊之所以會得到全球的肯定，就是因為她的能力雖然平凡，但她的貢獻卻遠遠超乎我們對一般人的期待與想像。盡己之力、盡心待人，一旦達到個人稟賦的極致，就實現了個人生命最高的意義與價值。

其實，人心就是道場，理想與現實盡在人心之內；追求理想毋須翻山越嶺到遙遠的彼方，也毋須與現實決裂的悲壯，只要在日常生活中由衷而言，直心而行，就是在活出自己的意義和價值。

年輕時一個朋友告訴我，他要在四十歲以前創立自己的事業，五十歲以後開始念哲學，追求年輕時有過的各種夢想。我不了解，如果一個人可以在前五十年都不曾為自己活過任何一天，五十歲之後真的還會想要為自己而活嗎？為什麼不是在五十歲之前隨時找機會為自己活，五十歲之後更加沒有後顧之憂的去追求理想？

成名了，事業有基礎了，就比較不需要顧慮現實了嗎？

張懸成名了，理想與現實的拉扯就從此休兵了嗎？她要不要在意粉絲的口味？要不要聽經紀公司的「良心建議」？要不要在意媒體的吹捧與封鎖？在鎂光燈下的藝人，到底是在討好群眾？還是在活出自己？在許多社會團體擔心旺中集團併購案會培養出超大規模的媒體怪獸時，張懸突然在演唱會上說出反媒體壟斷的立場。她怕不怕得罪粉絲？怕不怕得罪媒體？有些人敢於說出自己的心聲，但是這跟她是否已經成名沒有關係。換成別的知名藝人、作家或政治人物，名氣愈大，現實的壓力也愈大。

作家成名了，他會因此更加敢於不顧銷路，去寫他真正想寫的東西？還是每一本都更加揣摩讀者的口味，想要在銷售數量上再創佳績？政治人物怕卸任後門可羅雀，第一名模怕隨時會被別人取代，綜藝大姐怕收視率屈居人後，靠別人掌聲來肯定自己的人，永遠沒辦法有自己，永遠要遷就別人的口味。

現實不可怕，理想也不用等待。很多中年人有了現實的基礎，無法再用「養活自己和家人」當作逃避理想的藉口之後，才更清楚的看到不敢追求理想的人，最怕的不是柴米油鹽，而是失去掌聲的孤單、做自己時的恐慌與寂寞。

這叫「逃避自己」，而不叫「委屈求全」！

請把窗戶打開，讓陽光進來

為名利與權位而爭鬥不休的現實世界，猶如塵封經年的晦暗斗室，沒有陽光，沒有空氣，讓人的心靈窒息。每次看到身邊的人為此而不擇手段時，總會想起法國文學家紀德（André Gide，一八六九—一九五一）的詩句：「請把窗戶打開，讓陽光進來。」

大自然與人文歷史所能帶給人的滿足與感動遠勝於現實，而一個人的人品與作為又遠勝於功名與權位，何苦為了爭奪沒有意義的東西，作賤自己的性靈？

一個人的價值在於擁有人生的智慧、有值得被肯定的人品與作為、能活出生命的意義、實踐作為人的價值，跟他的外在成就無關。用卑鄙的手段擁有傲人的財富或權位，只能算是「野心」，算不上是理想——別人肯定的是你的財富，而不是你的人。一旦看清楚什麼是「人的價值」，你就不會再羨慕權位與名利，也就可以走出現實與理想的衝突，坦然做自己，努力活出自己人生的意義和價值。

其實，護守理想本來就是樂在其中，而不是苦事。理想是什麼？就是比現實更讓人感動、珍惜，更有意義、更有價值的東西。每次有人把我當做堅持理想的烈士時，我都在心裡暗笑：「我在理想中所獲得的，無數倍於現實中所失去的，只不過你看不見而已！」理想對我而言很單純，就是「捨此之外無歡可言」。

UNIT 4

自我成長，在現實的狹縫裡

人只要還有一點熱情或者對人生的期待，就不會甘於淪陷在現實世界無意義的重複裡。但是只有對現實的不滿，而看不見自己願意獻身的理想，最後還是會跳不出現實的窠臼。電影「真愛旅程」（Revolutionary Road）就是一個很好的例子。

男女主角法蘭克和愛波都自以為不俗，發誓絕對不要讓生活變成跟其他人一樣庸俗、無聊。但是婚後不久，愛波就發現她的業餘演藝事業平庸無趣，而法蘭克覺得他的工作愚蠢無聊。愛波想逃出這個毫無希望、重複的生活，慫恿法蘭克辭職跟她一起去巴黎，尋找新生活的可能性。但是法蘭克捨不得意料之外的升遷和加薪，兩人的關係迅速冷到極點，愛波不願意讓第三個孩子出生在一個毫無希望的世界，冒險墮胎而死於流血不止，「革命路」上的中產階級革命就這樣胎死腹中。

這部電影讓很多人「心有戚戚焉」，因為大家都不願意人生只是無意義的重複到死；但是又覺得想逃出現實世界的人最後似乎只能以悲劇收場，因而感覺到毫無出路的那種絕望。但是很少人注意到一個簡單的事實——男女主角的悲劇不是因為現實真的可怕，而是因為他們只有對現實的不滿和對於未來的空洞想像，卻根本沒有任何具體的理想。

愛波說去巴黎之後，她可以工作養家，以便法蘭克的「才華」可以充分發展。但是她不確定自己是否可以在巴黎找到工作。而當法蘭克問她「我有什麼才華等著被發揮」時，她也只能逃避說：「到時候就會知道了。」巴黎行是個空想，用空想對抗現實，最後贏的當然是現實！在這部電影裡理想沒有輸，它根本就缺席！

這一部電影還掉入美國功利主義粗俗的陷阱，以為理想和自我實現就是發揮過人的才華，以非凡的成就睥睨眾人，把別人踩在腳底下，這是徹底的誤把外在的成就當自我成長，誤把野心當理想！

其實，只要能清楚分辨外在成就與內在的自我成長，就不會再覺得理想與現實之間有不能緩解的衝突了。

誤把成就當成長

有些人的理想是從事繪畫創作，有些人的理想是絕不在險惡的現實環境裡違背自己的良心與原則，有些人的理想是不計個人名利幫助社會上弱勢的人，有些人的理想是關起門來在象牙塔裡思索人生的意義或者社會發展的原理。表面上看起來理想有很多種，實際上它們的核心都高度相似。理想就是努力實踐自己作為人的價值與意義，包括提升自己對這世界或自我的認知，找到改善自我或世界的可能性，並且付諸行動——理想就是自我成長與自我實現，以及善用自我的力量去改善自我和世界。

因此，理想的追求應該無關乎成敗，只在乎付出與努力；而個人的成長只關乎能力的養成，與外在的際遇或成就沒有直接關係。反之，當一個人在追逐與自我成長無關的外在成就或功名利祿時，他所懷的不是理想，而是野心；他想要滿足的並非自我提升與改善世界的渴望，而是虛榮心。所以，孔子說：「不患無位，患所以立。不患莫己知，求為可知也。」

但是，許多人都不敢憑真實的自我來肯定自己，而要靠別人的掌聲來肯定表面上的自己；沒辦法從自己在思想、情感和各種能力的成長來得到充分的滿足，而拚命追求虛榮心的滿足。因此，一談到「理想」就聯想起一種可以誇耀自己、滿足虛榮心的成就，而不是如何增加個人能力、價值與尊嚴的自我成長。結果，所謂的「理想」泰半都是「野心」，而成就功名的過程卻不惜犧牲了自己的人品、尊嚴與價值。爾虞我詐與各種算計的能力或許隨著時間而增長，思想、情感、善待人的能力卻退步了；地位、財富更加耀眼了，內心和靈魂卻愈來愈醜陋、卑劣而不自知——為了成就而犧牲了自我和成長，這才真的是「贏得世界而失去自我」！

理想是要完成一個有意義、有價值的自我，而不是要累積令人稱羨的功名成就；理想是要成全自我，而非成就功名。只要能夠清楚分辨理想與野心，就可以了解理想與成就無關，也與富貴貧賤無關，完全只關乎自己的用心與為人。因此，真正追求理想的人一定可以逐漸體會到孔子所言不虛：「富與貴，是人之所欲也；不以其道得之，不處也。貧與賤，是人之所惡也，不以其道得之，不去也。君子去仁，惡乎成名？君子無終食之間違仁，造次必於是，顛沛必於是。」所謂的「仁」，就是作為人的意義與價值。一個用心追求理想的人，他只關心如何成全自己作為人的意義與價值，而不在乎外在的際遇與成就，所以也不會有自我與現實的矛盾。

「富而可求也，雖執鞭之士，吾亦為之。如不可求，從吾所好。」孔子關心的不是有沒有辦法求得富貴，而是值不值得為了追求富貴而放棄他所珍惜、愛好的個人價值與尊嚴。

很多人抱怨現實太折磨人，沒有多餘的心力和機會去追求理想。其實，只要你認真分辨清楚理想與野心、自我實現與外在成就，就知道理想是一種存心、一種態度，你可以在生活中懷抱著理想、實踐理想，也可以在現實的狹縫裡隨時把握住自我成長的機會。

儘可能以忠於個人價值判斷的方式做現實生活裡的每一件事，就是在實踐理想與自我。當老師時好好對待學生，做生意時誠懇的對待客戶，遇到需要幫助的人就真心協助他，讓人與人之間的關係不再止於利害的算計，不再止於表面上的客套與應酬，就是在實踐理想——發揮自己最好的可能性，讓自己和這個世界變得更好。

理想的實踐與自我成長可以悄無聲息，而不需要掌聲的喧嘩與燦爛浮誇的表象或成就。

閱讀，自我成長的捷徑

人生的幸福不能只靠養活自己和家人的能力，或是名利、權位與運氣，而必須要有另外五種能力，缺一不可。從積極面說，人需要有能力從大自然、藝術與文學當中得到思想和情感的滿足，要有能力跟親人相伴走過人生低潮並相互豐富對方的生命，並且找到自我實現的目標與人生意義；從消極面說，人要有面對挫折與嫉妒及安頓煩惱和調節欲望的能力、與命運和不幸共處的智慧。要獲得這些能力，閱讀是最快的捷徑。

很多人抱怨現實生活太窘迫，沒有時間留給自己，更加沒有時間讀書。其實，現實愈是磨人，愈是需要留時間給自己，耐心傾聽自己心裡的聲音，以免在現實的磨難裡徹底迷失了自己。如果聽不到自己的聲音，那就更需要讀好書，從書裡面汲取生命的感動，藉著好書滋潤心靈，讓枯槁的心靈再度重生，讓自己永不忘記回歸自我與自我成長的喜悅——人在理想中獲得愈多，愈捨不得理想，也愈不怕現實。

很多人上班太累，回到家就打開電視或電腦裝白痴，一台又一台不斷按著遙控器，跟著低俗、無聊的節目空洞的笑，以為可以消除疲憊，卻沒想到這樣子一點都無法解除心裡的空虛與匱乏。

身體累的時候往往需要的不是癱在沙發上，而是適度做柔軟操或運動，放鬆繃緊的身體；心裡累的時候需要的往往不是低俗、無聊的消遣，而是滋潤空虛、匱乏的心靈。所以當代社會有許多人努力撥出時間去教堂、禪坐、靈修，對於沒有宗教信仰的人而言，他們往往比教徒更需要心靈的滋潤，以便緩解心裡無名的空虛與匱乏。

即使是每天用半小時或一小時斷斷續續閱讀《卡繆札記》（*Carnets*）、托爾斯泰（Leo Tolstoy，一八二八－一九一〇）的短篇小說或《湖濱散記》（*Walden*）這樣的思想性散文集，都有機會在這些作者的引導下深入內心世界，去分享前人生命裡的感動，體會前人對生命的覺悟，因此每天累積一點點小小的感動或心得。理想不需要是驚天動地的偉業，每天找到機會就累積一點點心靈的成長，聚少成多，就有機會在現實的狹縫裡保持著不斷自我成長的動力。只要能夠保持著不斷的自我成長，等到現實較為安頓且能力較為成熟的中年時，就有機會一展抱負。

更積極的辦法是找到好的小說或傳記，藉著其中的引導去探索各種值得追求的生命經驗、理想或意義，藉著這些典範人物的心路歷程去了解如何突破現實的糾纏，如何由低而高、由近而遠設定各階段的人生目標，以便一次一小步建立起自己追求理想的能量與信心。目標愈小、難度愈低，實踐的可行性愈高，就愈容易獲得自我成長的成功經驗；成功的經驗愈多，信心愈強，就愈有意願在繁忙的現實生活裡撥出時間給自己進行閱讀和省思。

年輕的時候，生命經驗太少，對人生有何值得追求的所知有限，因而經常誤把空想當作確實可行的理想，以致經常找不到可以真正累積出自我成長的訣竅。對於這樣的年輕人而言，閱讀是自我成長最省力的方法，而通過前人心路歷程的展現，去了解他們如何克服懷疑、挫折與成長過程的困頓，更是穩固與重建信心的重要支柱。尤其是看著前人在現實的百般折磨裡堅持理想，最後終於展現出人性各種可貴的價值時，我們的一切委屈、挫折、沮喪都會獲得補償，甚至感受到在失敗中繼續堅持下去的可貴。

《紅樓夢》很寫實的描寫榮、寧兩府成人世界的奢華、糜爛與心機，並以此襯托出大觀園裡年少的熱情；他們不願輕易向功名、婚姻的算計與身世差異等現實壓力低頭，因而展開了理想與現實的激烈衝突和感人的故事。他們之中有些人已經多少沾染了成人世界的算計，但是黛玉、寶玉和晴雯等人還是想在大觀園裡追求不同於流俗的愛情與人生；雖然他們的堅持最後抵不過現實的力量，但是他們對情感的真摯與堅持，還是讓許多讀者為之動容與不捨，甚至鼓舞了許多讀者在自己的真實人生裡有所堅持。

賽萬提斯（Miguel de Cervantes，一五四七—一六一六）的《唐吉柯德》（*Don Quixote*）雖然是個徹底脫離現實的例子，卻絲毫不減損它帶給我們的鼓舞與感動。主人翁唐吉柯德被描繪成一個瘋癲而與現實徹底脫節的是羸瘦老人，滿腹俠義心腸與高尚的情懷，卻分不清楚事實與幻想。他把現實無知的農人桑丘當行俠仗義的僕從，把村女當貴婦，把風車當妖魔去搏鬥，把羊群當作軍隊，衝上去廝殺，鬧盡各種笑話。但是他高貴的情懷卻感動了無數世代的讀者，一邊警惕自己不可以把事實與幻想混為一談，一方面又忍不住景仰著唐吉柯德的高尚情懷。直到一九七二年都還有人把這部小說改編成電影「夢幻騎士」（Man of la Mancha），感動了無數年輕人的心。

閱讀小說不僅可以讓我們找到個人重建人生信念與理想的借鏡，也可以引導我們更清楚的看見人性各種不易覺察的事實。偉大的小說來自於偉大的小說家，他們一輩子認真的生活，不僅看見人生的價值，而且活出精彩的生命；他們以自己一生的奮鬥和探索，了解到許多人一輩子覺察不到的人性隱微處與深刻處，也以自己一生尖銳而誠實的反覆質問，確立了許多真誠的人生信念與價值，為我們樹立了值得追求的理想。只要站在這些巨人的肩膀上，我們就可以望見廣闊的人生視野，並且清楚看見自己可以怎樣走過青春的苦澀與徬徨、青壯年期的虛無與理想的再造，以及中老年成熟生命的丰采，因此較快走出年輕時的無助，可以用堅定的腳步去固守自己的理想。托爾斯泰、杜思妥也夫斯基、卡繆都是這樣的典型。

此外，有些小說還可以引導我們去省思大社會的問題，並且在大社會的苦難裡找到個人可以認同的人生意義與理想。雨果（Victor-Marie Hugo，一八〇二—一八八五）就是一個典型的例子，他的《悲慘世界》（*Les Misérables*）省思宗教、民主、愛、監獄與企業存在的價值與意義，以及底層社會的生活與文化。他為企業的存在提出了理想的遠景——用企業家的智慧創造就業機會，讓每一個願意靠自己的勞力和心力養家的人都可以在合理的工時內完成心願，讓每一個人都可以因這個企業的存在而活得有尊嚴。

在人生不同階段努力認識各種生命的典範，在他們的鼓舞與感動中持續燃燒熱情，在他們的引領下持續感受生命的價值尊嚴，也在他們的心路歷程中找到自己克服挫折與磨難的要領與信心，這樣就有機會在現實的狹縫裡持續自我成長的動力。

每個人都是他自己的作品

人類會把可觀的心力傾注在各種毫無生命的物件上面，希望把它們從毫不起眼或俗不可耐的狀態加工成藝術品，賦予它們一個令人讚嘆的內涵與生命。我們把燈罩當藝術品來用心對待，我們把椅子當藝術品來傾心對待。任何東西到了我們手裡，幾乎都有可能被改造成藝術品。但是，我們怎麼對待自己？

法國當代最有影響力的思想家傅科（Michel Foucault，一九二六—一九八四）問道：「要說每一個人的生命都是一件藝術品，這難道是不可能的嗎？為什麼只有燈具和房子可以成為藝術的對象，而我們的生命卻不可以？」你願意像對待藝術品一樣的對待自己嗎？你願意像創作一件藝術品那樣傾注心力在自己身上，讓自己得到內涵的提升或昇華嗎？你願不願意傾注一生的心力讓自己成為最「值得」的樣貌？

其實，不管你願不願意，最後你都會成為自己的作品——不管你是成為一個苛薄的人、虛榮的人、空洞的人、讓自己唾棄與鄙夷的人，或者讓自己滿意也讓別人感動的人，你都是自己的作品。

人生就像一堂陶藝課，下課鈴聲一響就得放下手上的一切而離開；人到這世上時，就像是按座位號碼進入陶藝教室，你的座位上放著一塊陶土，材質也許好也許不好，也許如你所願也許不如你願，就像你無法選擇自己的稟賦與際遇。也許你想用它來製作一只晶瑩剔透而潔白如玉的羊脂玉淨瓶，偏偏它卻是一塊褐色的陶土，做不成你想要的無瑕瓷瓶；也許你根本不喜歡這一塊陶土，你不願意為它花心力，你滿懷委屈與氣憤的把它扔在地上，踩它、踹它、糟蹋它，你空負了一堂三小時的陶藝課，一無所成悻悻然離去——這是你的人生，如果你不肯努力，沒人能指責你，但也沒人能幫得上你。

你也可以用心對待它，在所有你喜歡的樣子中，挑一個最適合這塊材料的形象，努力把它塑造成你最想要的樣子，賦予它超乎物質形象的內涵與神采。也許你的技巧做不出你想要的樣子，一再失敗後，你終於懊惱、沮喪的放棄你一切努力，你躲在教室的角落裡生悶氣，直到下課的鐘聲響起——這是你的人生，如果你決定放棄，沒人能指責你，但是也沒人能幫得上你。

或者，你想辦法遷就自己的技巧，面對這塊材料的特質，去探索它最大的潛在可能，在下課鐘響之前嘗試過十幾種造型，終於做出了一個你的能力和材料特質所能達到的極限，然後在鐘聲響起時不帶遺憾的說：「耗費了這麼多的心力，值得！」

至於掌聲呢？真的不重要！你是為自己而活，重要的是你知道自己已經盡力了，而且你不可能做得比「盡心盡力」更好。就像英文裡說的"Do your best."，因為你不可能做得比"your best"更好。

成就呢？其實也不重要。把兩件材質截然不同的作品硬是拿來做比較，根本是無厘頭的荒唐作為。雕刻大師面對一塊玉和一塊大理石時，在態度與作為上鮮少差異——他會專注的猜測這塊材料內部的材質和紋理，並且根據他的猜測去想像出一個最適合這材料的形貌和精神內涵，然後著手開始打造粗胚；假如他的猜測錯誤，他會邊打造粗胚邊調整自己原來的想法，直到最後終於找到最適合這塊材料的樣貌與內涵。

他不會把最後完成的兩件作品拿來比較高下，他在意的是有沒有為每一件作品找到最適合它的精神樣貌。

life

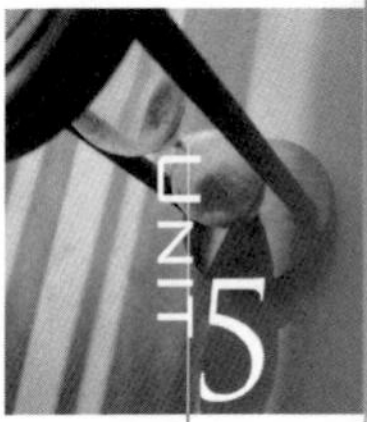

取捨與抉擇的智慧

人生經常會面臨兩難的抉擇而不知道如何取捨，譬如高中不知道要選那個類組，大學生顧得了課外的自我成長就必須在成績上有些犧牲，陷入三角戀情的人不知道要如何抉擇，面對冰冷或破碎的婚姻不知道要不要離婚。

在〈困境與抉擇〉這篇文章裡，我指出很多兩難的抉擇其實是假問題，看透了就可以很容易走出抉擇的焦慮。譬如「先當兵或先考研究所」，只不過「朝三暮四」或「朝四暮三」，先做那一件事結果差別並不大。此外，當甲案和乙案互有得失的時候，選那一案並不重要，重要的是要記得自己當時做決定時，想要得到的是什麼、願意捨棄的是什麼，而不要在事後只看到失去的，卻看不到自己得到的。

但是確實有很多時候抉擇並不容易，尤其是因為未來很難預測，使得我們不管選擇甲案或乙案都無法清楚知道我們將有何所得，以及將會失去什麼。最可怕的是像托爾斯泰小說《伊凡・伊列區之死》（*The Death of Ivan Ilyich*）的男主角，一輩子努力追求功名利祿，臨死的時候才覺得這樣的一生不值得，卻已經後悔莫及。人生確實需要一些抉擇的智慧，讓我們可以在關鍵性的問題上看清楚人生的本末、輕重與先後，以免讓自己做出後悔一輩子的決定。

無人可以代勞的抉擇

常有學生不敢自己做決定，因而把感情問題或升學、轉系、出國的問題一五一十告訴我，希望我替他做決定。我總是告訴他們沒有人可以幫你做決定，我頂多只能告訴你，在這個處境下你可以有多少種選擇，以及每一種選擇可能會有的得失，然後你得自己去做決定。

我們是不同的個體，對我而言最佳的方案可能需要付出一些代價或承擔某些損失，我承擔得起而你卻不一定有承擔的能力；此外，我有能力去享受那個方案的成果，而你卻不見得有能力享受！因此，對我而言的最佳方案，對你而言可能是一個無法承擔的災難。

譬如說，一個超高薪、超高工時的都會工作和一個中等薪資但超低工時的小鎮工作給我挑，我會挑後者。但是，我有能力省吃儉用你卻不見得有這能力，我也有能力收入遠比人低而毫不在意，你卻可能因為收入比同學都低而一輩子自卑；而且我能享受大量休閒時間去閱讀、思考、散步，你卻閒得發慌，只覺得小鎮生活很無聊、沉悶。不同的人對這世界有不同的感受能力，沒有人能替別人做決定。

年輕時候當講師，想證明我可以為了理想而犧牲現實，所以決心自己做研究而不去拿博士學位，以免向虛榮心妥協。後來一個學生覺得這個決定很有道理，也跟著抗拒家人為他安排好的出國之路，沒有多久就心慌起來，不知道自己撐不撐得下去，更不知道自己以後會不會後悔。我馬上勸他不要模仿我的決定，我有能力堅持不出國，忍受當講師的委屈，那是因為我有十幾年深刻的哲學思索，也在藝術和文學裡浸淫甚久，我所體驗過的生命經驗遠遠高於博士學位所能帶來虛榮心的滿足，我也很篤定自己可以繼續在哲學、文學與藝術的世界裡獲得遠遠超乎現實世界的滿足與價值。但是這個學生太年輕，他欠缺我在哲學、文學與藝術世界裡的涵養，他不像我可以在理想的世界裡獲得深刻而豐富的感動，也不像我對生命的體認早已遠遠超出現實，所以我可以輕易的不把現實看在眼裡，他卻抵擋不了現實的壓力。

其實，即使親如父子，也不該去替別人做決定。每個決定都有得有失，你不是他，就不知道他有沒有能力承受失去的，也無法清楚知道他有沒有能力從所得到的東西裡獲得充分的滿足。「如人飲水，冷暖自知」，你不了解別人感受這個世界的方式，就不該替別人做決定，尤其不該把決定強加到別人身上。

我尤其不喜歡在別人的情感問題上插嘴、出意見。有一個研究機構的資深研究員跟研究助理約會，宿舍裡一群沒事幹的太太挺身而出，叫他太太絕不可以隱忍，甚至替她告到單位主管那裡去。調查結果似乎是只有約會而沒有進一步踰矩的行為，所以主管也莫可奈何。結果這位先生生氣了，認真起來辦離婚，那位太太這才發現她沒有能力忍受離婚之苦，沒多久就患憂鬱症。原來自以為仗義直言的一群太太發現自己闖下擔當不起的大禍了，當下四散紛飛，留下那個患憂鬱症的年輕太太一個人無助的搬離宿舍。

以前在副刊專欄裡看名人解答讀者來信的婚姻與感情問題，我總覺得太過大膽，怎麼敢憑來信有限的資訊就替人做決定？這簡直不是諮商，而是神棍！夫妻之間的糾葛，連父母都搞不清楚小倆口為何而吵，如何平息，何況是陌生的第三者？俗話說：「床頭吵、床尾和。」又說「清官難斷家務事」，就是因為感情問題的複雜與微妙，絕對不是可以用言語向第三者說清楚的。

生涯的抉擇，在不確定的時代裡

抉擇是無法代勞的，所以每一個人都要培養出自己做決定的能力。抉擇的關鍵就是儘量在事前想清楚自己可有多少種選擇方案，每一個選擇方案主要的得失是什麼，然後選一個後果自己承擔得了，而能給自己帶來最大滿足的方案。因此，第一件事就是要先了解自己，知道自己要的是什麼、受不了的是什麼。假如連自己要什麼、受不了什麼都不知道，抉擇一點意義都沒有，不如抽籤或擲銅板。

最容易後悔的決定是毫無事實根據，憑空胡亂想像，以致想要的根本不存在，實際上絕對逃不過的後果卻根本就受不了！

一個學生跟我說他想休學去學習生態攝影，日後以生態攝影為業。我問他喜歡過那一部生態紀錄片，喜歡其中什麼事物。他回答在沼澤地帶拍攝罕見的非洲野鳥求偶之舞和雛鳥的孵化。我問他拍攝這影片需要在沼澤區熬夜，連夜忍受蚊子叮咬，背運的話可能熬了一兩週都沒拍到滿意的畫面，時間和經費卻已用盡，這樣的結果他受不受得了。他傻在那裡，從來都不曾想過要在沼澤區熬夜、忍受蚊子連夜叮咬，當下就決定放棄生態攝影了！

有些人在選擇科系與行業時只管未來的前途與收入，從來不考慮自己受不受得了那種生活情境，到時候一樣會後悔。一個精明而自負的大學教授說服他女兒去念遺傳科技，甚至也順利培養她進入美國著名的實驗室，指導教授是諾貝爾獎熱門候選人；在博士班第六年時，他女兒再也受不了實驗室裡每天十幾個小時跟儀器對話的枯燥生活，毅然決然辦理休學，並且跟一個小她五歲的南美男孩一起轉校去念旅館管理的碩士班，事過半年才讓他知道。他知道後欲哭無淚——他只看到女兒放棄唾手可得的光環，卻聽不到女兒從碩士班開始超過七年的痛苦心聲。

科系和行業的選擇牽涉到高度不確定性的未來，讓許多人憂心忡忡的反覆思量，焦慮得不知如何是好。

喜歡冷門科系的人，景氣好的時候也可以有不錯的就業機會，因此很想選擇自己有興趣的科系，但是又怕景氣不好時工作難保；反之，高薪的行業又往往非常無趣，除非景氣一直不好，否則不願意一輩子賣命給自己不喜歡的行業；偏偏未來又無法預測，因而焦慮難解。解決的辦法很簡單——念你喜歡的系，但是利用輔系或雙主修培養一個容易就業的第二專長；或者念一個容易就業的系，但是利用週末、寒暑假、選修、輔系或雙主修去接觸你所喜歡的科系。其實，每個人都必須活在「X％的理想＋Y％的現實」裡，沒有人可以完全擺脫現實，人更沒有理由完全擺脫理想。所以理想與現實的衝突只不過是百分比的問題，而不是涇渭分明的二元對立。了解這個道理，就不需要那麼焦慮。

何況抉擇並非一成不變，也非一勞永逸，而是摸著石頭過河，逐步去調整的。不管是產業與景氣的變遷，或者個人成長所造成的價值觀差異，在未來都可以隨著局勢的變遷而重新調整有過的選擇。因此，毋須過分憂慮未來，只需要認真做出當下最好的選擇就可以了。況且，長遠的未來太難預測，所有的考量與算計都不會比抽籤或丟銅板可靠多少，還不如邊走邊修正與調整來得實際。

網路流傳「第一份工作決定你的未來」，甚至有人說這是人資專家的共同意見，其實這根本是無稽之談。除了個性保守的公教人員和薪水階級之外，有自己想法與抱負的人很少一輩子不換公司、不換工作的。

比較合理的說法是，職場前兩年的主要功能是讓你知道學校跟職場的差別，補修學校沒教的工作態度和職場應對技能，以便從學生的心態調整為上班族，同時去了解職場到底有多少種角色扮演可以讓自己挑；接下來的四、五年是用來探索自己在職場的各種發展機會，想一想自己到底是不是創業的料、受不受得了研發工程師心力上的壓榨、要不要以行銷作為自己在業界的專長、服裝設計師在台灣到底有沒有像樣的生存空間……。只要能在五到七年內找到自己在職場上適合扮演的角色，就已經夠了。

所以，有人主張第一份工作挑個好老闆，拚命從他身上學習；第二份工作努力嘗試錯誤，去尋找可能會適合自己的各種角色，看看那一個最能讓你的興趣、才能和工作彼此配合；第三份工作挑個真正適合自己的角色和準備要起飛的位子，以便在工作上發光發熱。

有些人喜歡炫耀自己比別人更快賺到第一桶金，更早進入哈佛管理學院，更早成為正教授或CEO；所以他們都喜歡對外吹牛：「我十五歲的時候就知道我這一輩子要做什麼。」我覺得這樣的人很可憐，一輩子都活在十五歲那年稚嫩的夢想裡，而沒有機會活出更寬闊的人生視野和格局。其實這些人都沒有了解到人生還有更高的目標值得我們去追求——在思想、情感和人生智慧上不斷自我成長、自我突破與自我實現，通過自己的行動去改善世界，充實自己的人生意義，體驗各種偉大的情感和生命的巔峰經驗。

因此，面對職場的瞬息萬變不用緊張，只要有辦法找到一個合適的工作就好，不需要急著賺第一桶金、創第一個事業，或者成為全球最年輕的首富——那些都不過是人生中可有可無的插曲，而不是人生最值得追求的目標與意義。

婚姻的抉擇，不能靠運氣

擇偶不能靠運氣，而要靠識人之能，以及你對情感、婚姻與人生的了解。一個對人性、情感、婚姻與人生意義一無所知的人，婚姻的幸福只能完全靠運氣。偏偏，全憑運氣的婚姻很少能夠幸福。

林徽音拒絕徐志摩的追求，因為她知道「徐志摩愛上的是他自己想像出來的林徽音」。徐志摩追陸小曼，硬是鬧到好友辦離婚把太太讓給他，而徐志摩事後才埋怨陸小曼不愛文學、只愛交際應酬。與其說徐志摩是個浪漫詩人，不如說他是個盲眼的詩人，或者活在雲端的詩人。提倡開放婚姻的羅素（Bertrand Russell，一八七二—一九七〇）也沒好到那裡去，他結婚四次，前三次都天真的堅持開放的婚姻，甚至讓太太生下兩個別人的孩子，因而經歷長期的痛苦折磨。第四次結婚時，新郎八十歲，新娘五十二歲，雙方認識已經二十七年；最後這一場婚姻所以能幸福快樂，一半是因為雙方都老到有足夠的人生智慧去認識婚姻是什麼，也交往夠久而可以在事實的基礎上做出婚姻的抉擇。若論羅素的前三場婚姻，其盲目程度恐怕也是猶如飛蛾撲火。

與其說戀人是「因為誤會而結合，因為認識而分開」，不如說是「在虛構的愛情裡結合，在真實的人生裡分開」。

若說大文豪糊塗，靠偶像劇學愛情的人就更加危險了。很多人以為溫柔、美麗又富有的女明星一定會有幸福的愛情與婚姻，實際上她們的感情與婚姻卻往往非常坎坷，婚後家暴的案例又頻頻傳出，讓人難免會想自古紅顏多薄命，也許不是單純的運氣不好，而是有更根本的原因？其實，很多女明星從年輕時就忙著賺錢，沒有機會了解愛情、婚姻與人性，沒有自我成長的空間，因而言語空洞乏味，被她們吸引的男人都是為了美色與身材，這種好色之徒當然是薄倖負心，甚至根本就是淺薄、蠻橫、齷齪、暴戾而不值得嫁的男人；偏偏她們又沒有識人之能，專門嫁給豪門中的浪蕩子，這種婚姻當然不可能幸福。這種案例，與其說是天妒紅顏，不如說是因為犧牲了自我成長才會自誤一生。

因此，婚姻的幸福與其靠運氣，不如靠識人之能；與其靠容貌，不如靠有趣而吸引人的談吐與人品；與其靠無止盡的委屈自己，不如靠對人性的了解與體貼入微覺察人的心意；與其靠廚藝與打扮，不如靠善於安慰人、鼓勵人、化解人焦慮與痛苦的能力；與其靠財富來保障兩人未來的感情，不如靠兩人相互欣賞的人生目標與理想。憑容貌與財富吸引來的都是不值得婚嫁的人，何況終生伴侶所要分享的是心靈的世界，而不是外在的權勢與財富。

婚姻品質的維繫，最重要的是靠兩個人的人文素養，以及對人性、情感與人生意義的了解。一個資電學院的學生跟我抱怨為什麼那麼強調理工學院的學生要有人文素養？我跟他說人文素養就是對人性的了解，如果你不了解人性，如何跟另一個人終生相處？如果你不了解人性，如何在家人有委屈、憂慮、煩惱、痛苦時引導他走出苦楚？如何在另一半有最深刻的期待、盼望、感動時分享生命中最美好的經驗？

有些人真的無知到以為什麼事都可以用錢解決。一位企業負責人讀了我一系列關於婚姻問題的短篇轉載，特地託雜誌社總編輯約我吃飯。席間談起他太太對婚姻的埋怨，我聽出了一點端倪，嘗試著用問答的方式探詢進一步的細節，幾乎每猜必中，好像早已熟知他們的爭論模式。我聽出他太太的一些委屈，嘗試著引導這老闆去體會，沒多久他竟然驚喜的說：「你既然這麼了解女人的心思，可不可以乾脆替我去說服我太太，讓她不要再自覺委屈了？」我不禁愕然，親密關係難道也可以由第三者代理？

我常勸工學院的學生先記得自己是一個人，再想辦法成為工程師。工作只不過是人生的一小部分，工程師也只不過是職場的角色扮演，我們更重要的是成為一個完整的人，追求一個人完整的人生——有思想、有情感、有親情與愛情、有生命裡的感動，有人生的目標和自我的成長、突破與實現。

人生最重要的抉擇

富極一時的希臘國王克洛伊索斯（Croesus）擁有人人渴望的財富、權力、美眷、賢子，自以為是人間最幸福的人，因此自豪的問希臘七賢之一的智者梭倫（Solon，西元前六三八—前五五九年）：「誰是當今世上最幸福的人？」梭倫回答說眼前的榮華富貴無法保證未來的幸福，只有死後才能比較看誰最幸福。克洛伊索斯乍聽不以為然，後來歷經喪子之痛，又戰敗被俘，被綁在火刑台上即將被處死，這時候才領悟到世事的無常，一時間的幸福不代表一輩子的幸福。

人所擁有的一切都可能會因際遇的變化而隨時失去，面對這種事實，人如何能保有他的幸福？伊比鳩魯回答：「獨立於身外之物的自我滿足是最重要的。」擁有人人羨慕的身外之物，不如擁有能讓自己幸福的內在能力。

可惜的是，很多人第一個重大的人生抉擇就註定了只能有殘缺的一生。為了比別人更快出人頭地，他們從十五歲起就專注的想要成為某種「成功人士」，並且割捨了其他一切自我成長的空間與需要；他們不懂愛，不懂親情，不懂人性，不懂人類有過的各種偉大情感與生命的巔峰經驗，只因外在的成就與世界接軌，所以更加不知道自己只不過是心靈世界的井底之蛙；他們幼稚的過了一生，讓家人受盡寂寞、委屈與壓抑，卻自怨自艾的以為所有人都對不起他。

他們的名聲與成就人人羨慕，但是他們的人生一無所有，只有虛榮心的滿足——這根本是不值得的人生！

人生最重要的抉擇，其實是要犧牲自我來成就功名？還是寧可在現實世界裡自甘人後，以便成全自我？

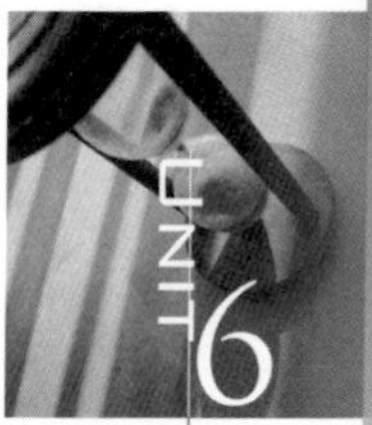

法國箴言作家侯榭傅科（Francois de la Rochefoucauld，一六一三—一六八〇）說：「真愛像鬼魂，每個人都在談論，卻很少有人看見。」問題不在於真愛難尋，而在於我們弄不清楚什麼是空想、虛構的愛情，什麼是真實人生中可貴的愛情；也分不清楚什麼是一時的迷戀，什麼是可以終生相伴的深情；因此老是捨了值得珍惜的愛情而去追逐不存在的情緣。

同樣的，夫妻多怨偶，有時候是所託非人，有時候是不夠用心經營，有時候是對婚姻與愛情抱著不切實際的想望，因而不懂得珍惜身邊的伴侶。我們都只不過是平凡的夫妻，卻偏偏奢望著不平凡的愛情；因為一心期待著鴻鵠，反而看不見平凡夫妻難得的情分。

平凡夫妻，難得的情分

一對年輕夫妻結婚不到兩年，卻已經論及仳離，在朋友的介紹下來找我，當作是最後一次挽救婚姻的努力。我雖忙，硬是挪出時間聽他們講這一段冤情。男生是個典型的清華大學畢業生，念完碩士後老老實實的在人人豔羨的公司上班，期待著優渥的薪水可以換來一家人的幸福；太太是很有理想的高中老師，看起來聰慧嫻淑，不是愛慕虛榮、好炫耀的園區眷屬。兩個都樸實、誠懇而未脫學生氣息，我看了喜歡，也更納悶怎麼會這麼快就走到婚姻的盡頭。

太太抱怨先生不愛她，假日寧願加班也不陪她回娘家去探望長年臥病的姊姊，和早已為愛女而形容枯槁的母親，更不懂她對母親的憂慮，結論是：「他不關心我、不愛我，整天加班只是為了滿足自己的成就感。」對於太太的不滿與抱怨，這位先生一直苦笑用心聽著，但是似乎沒有一句聽得懂。看著他滿臉迷惑不解的表情，我不禁想起一位工學院學生對女性的形容：「女人比電腦還難搞懂，我寧可花時間解決電腦程式的問題，也不願意費腦筋去猜測女人的心思。」

就要開始上課了，我不可能用簡短的時間讓這位電機所的高材生懂得太太的心思，卻有機會讓這聰明的女性看見她長期忽略的事實。於是我問這太太：「你可不可以告訴我，你先生這一輩子最渴望成就的三件事？」她想了半天，傻在那裡，答不上腔。我問她：「你連他的渴望都不知道，能說你關心他、愛他嗎？」她略有愧色的認真自省著。我再問她：「可不可以告訴我，你先生這一輩子最痛恨的三件事？」她再度答不上腔。「假如你不知道他最痛恨的三件事，有沒有可能在過去一年裡一再傷他的心而不自知？」這個聰明的太太猶豫一下之後點點頭。我再問她：「結婚以來，你先生埋怨過什麼沒有？」她毫不猶豫的堅決搖頭。於是，我提醒她：「假如你過去一年多來一直漠視他的渴望，一再不自覺地傷他的心，而他從沒怨言，這算不算是愛？」這個太太眼睛亮起來，好像看見什麼一直找不到的東西似的。

上課鐘響，我匆匆離開了他們。後來，據說這對年輕人真的就此走出了危機，言歸舊好。不過，我猜那個大楞子大概還是個大楞子，應該至今都不明白到底發生了什麼事。

愛是什麼？有一定的徵兆和表現模式嗎？如果愛的表現方式因人而異，我們要如何衡量它的深淺？一個大楞子的愛裡往往欠缺貼心的了解與溫柔，卻也不該漠視他那無怨無悔的付出與不變的關懷。很多人抱怨婚姻，但是要用什麼方式來衡量婚姻的值得與不值得？平凡的婚姻裡必然欠缺許多理想婚姻該有的元素，只有務實的用平凡夫妻的標準去衡量，才有機會看到平凡夫妻難得的對待。

一個大楞子真心想要了解太太的抱怨，雖然聽不懂而沒有怨言，這份用心其實很難得。一個太太在大熱天裡天天下廚，希望家人吃得健康，那份用心當然不是外食可以替代的。婚姻原本就是壓力鍋，沒有彼此的隱忍、體恤就難以維持。因此，只要彼此沒有口出惡言或傷害對方，就一定隱藏著難得的付出與情意。問題是這些用心和情意都隱藏在平凡生活的細節裡，而且男女的方式不同，必須要很用心才感受得到。

很多女性訝異於男朋友或先生對醫學常識與生活基本能力的嚴重缺乏，而很多男性則對家務的存在視而不見，甚至想像不出來為什麼太太需要每天花費四小時的時間處理家務。很多人都忘了一個事實——我們中學時代女生有家政課而男生只有工藝課，高中時期女生有護理課而男生只有軍訓課——以前的學校教育預設了男女兩性不同的社會與家庭角色扮演，對他們施以不同的教育內容，使得大部分的人不知不覺接受了預設的角色扮演。而父母對兒子和女兒的態度也不同，這就更加強化男女潛意識裡角色扮演的差異。

譬如，即使在雙薪家庭中，男性通常必須肩負家庭的主要收入，而女性的收入經常被當作是輔助性收入，因此男性心理上的經濟壓力往往遠超過女性；反之，教養子女往往是女性為主男性為輔，因此女性對子女成績往往比男性更在意。隱而未宣的家庭分工如此，使得很多女性不自覺的把家庭經營與孩子的成就當作自己的成就，而男性則把職場當作成就感的主要來源。表面上男女都進入職場了，男女都分擔家務了，但是傳統上「男主外，女主內」的格局並沒有根本的變化，只是隱而不顯而已。

但是，這種隱藏的分工卻經常造成夫妻彼此的誤會、曲解與怨懟。很多女性怨丈夫不管家事，不共同面對孩子的課業與成績，好像兩人之中只有自己在乎家庭與婚姻的維繫，而沒有警覺到男性從小被照顧慣了，根本覺察不到太太下班後到底做了多少家事，也不知道該如何跟孩子互動；而許多男性則埋怨妻子幼稚，不知道社會上的競爭有多激烈和險惡，不體恤自己為家庭的付出，卻沒注意到自己在公司裡也是刻意避免給女同事分派壓力較大的工作。

就事實而言，目前的婚姻中，女性的付出通常遠多於男性。男性普遍欠缺人文素養，對職場的爾虞我詐很敏感，而對家裡的情感互動很笨拙；男性普遍比女性更擅長處理粗活和故障的家庭電器，而不知道該如何對付鍋碗瓢盆和妻子、兒女。理論上一個男人可以不是這樣，家也應該不是這樣，但是實際上我們已經被教養成這副德性。

一位年輕的太太抱怨：「不管家裡發生多少事，他能躲就躲，好像這個家是我一個人的，只有我一個人在努力維護這一場婚姻。」事實並不盡然，也許那個男人只是一回家就變成一無用處，頂多只能任人差遣而已，但這不表示他不曾在職場上為這個家而賣力和忍受委屈。

如果我們都是社會刻板教育下的產品，但還未失其樸實、誠懇與善良，在不完美的婚姻裡我們可以選擇埋怨，也可以選擇隱忍，並努力去體察平凡婚姻中難得的用心與對待——就像「親情無價」（One True Thing）這部電影想要提醒我們的。

親情無價

「親情無價」由三大演技派明星梅莉・史翠普（Meryl Streep）、芮妮・齊薇格（Renée Zellweger）和威廉・赫特（William Hurt）擔綱演出，述說一個平凡家庭裡難得的親情。芮妮・

齊薇格飾演一位幹練的記者，從小崇拜父親的文學才華和名校教授的學術成就，而不把教育程度偏低的全職媽媽看在眼裡，後來她父親來信，硬要她回去照顧癌末的母親，回家後她才重新認識自己的父母。爸爸早已江郎才盡，只剩下對別人的嫉妒；他號稱創作忙而早出晚歸，其實是在學校跟女學生調笑，下班後到酒吧澆愁，整天鬼混而沒有勇氣面對太太的絕症和自己的無能。反而是她母親熱情、堅強、充滿生活的睿智，犧牲自己讓全家都能安心為各自的前途而奮鬥，她甚至還有能力為社區付出。女兒發現事實後愈來愈看不起父親，並為母親的付出與被欺瞞抱不平，最後才發現媽媽早已知道一切，卻不去戳破她父親的謊言。演母親的梅莉・史翠普拿起一張幸福的全家照，跟女兒說如果你把事實戳破，只不過是在照片上戳出一個醜陋的洞而已，對誰也沒有好處。母親死後，父親在墳前跟女兒說，她母親是他這一生中唯一的真實（one true thing）。

法國社會學家涂爾幹（Émile Durkheim，一八五八－一九一七）在一百多年前就已經發現女性在婚姻中的付出明顯多於男性，但是家務分配嚴重不均的情況，百年來改善不多，分擔女性勞務的主要是家庭電器而非男人。在男性很少為家庭付出的前提下，婚姻中的婦女處境極為艱苦，一個人要扮演多重角色，卻很少有人體察到她的辛苦。雙薪家庭中的婦女上班有公事，下班與假日還得摸索如何跟公公婆婆相處，此外小家庭的家事、懷胎、育嬰一件接著一件疊加上來而不得喘息，跟原生家庭的關係也無法割捨，以致一人身兼職員、媳婦、妻子、母親、女兒五種角色，根本沒有時間當自己，更別奢想讀一點有深度的書，或者靜下心來想一點有深度的事。

在這種種壓力與重擔下，比戀愛時更期待先生的體貼、溫柔和鼓勵，但是先生卻已經從戀人變成在現實叢林苦戰求生的小螺絲釘，不但幫不了太太，還期待太太可以當他的戰鬥夥伴，提供一切必要的後勤支援，毫無心思去奢談溫柔、體貼的往日情懷。

在這種極端不對等的婚姻裡，女性的埋怨合理而可以預期。

一個年輕的媽媽對先生滿懷抱怨，因為她先生總是逃避孩子發育遲緩的事實，所以她下班後得一個人陪著小孩找醫師治療、找合適的特殊教育機構，孤單的面對這些繁難的家務。她有八成的決心要結束這婚姻了，找我做最後的商榷。我請她仔細比較現況和離婚後的景況，她先生其實是個好人，努力上班賺錢，除了不肯主動分擔家事和解決孩子的問題之外，不會惹麻煩也不曾傷害她，或造成她任何困擾，而且對於她的差遣通常二話不說就乖乖去做；一旦離婚，她少了一個家事的幫手，家裡少一份收入，她少了怨氣卻也少了一個出氣筒。我建議她不用到法院辦離婚，就在心裡想成就地離婚；兩人住在同一個屋簷下，但是取消彼此的婚姻義務，當有名無實的夫妻，這樣起碼多一個可以差遣的幫手。

據說這對夫妻後來相安無事，太太對先生死心，不想再改造他，也不再有所期待，怨氣反而就此跟著消失了。

雞肋般的婚姻有什麼好值得珍惜的？我在英國一個渡假的小村落裡看海時，不時有七、八十歲的老夫妻相互攙扶而過，或用輪椅緩緩推著另一個老耄的伴侶。面對這個在台灣不常看到的情景，我有些好奇：「這樣不離不棄的夫妻，到底有著什麼樣的情分？」在這個離婚率遠高於歐陸的國家裡，也許痛苦的婚姻和無趣的婚姻都早已結束，只剩下願意彼此相伴的夫妻；維繫他們婚姻的不見得是多麼了不起或感人的愛情故事，而是漫長人生中共同的回憶，以及無法和別人分享的默契與熟悉的話語。

我揣想這些老夫妻一旦失去彼此的陪伴，也許他們就再也找不到說話的對象，也很難找到聽得懂他們說話的人——畢竟，人最深刻的感情總是深深扎根在過去的生命經驗裡，不曾一起度過那些關鍵時刻的人，很難理解跟那些關鍵時刻緊密相連的情感、回憶與言語。

婚姻是高難度的人生大事，原本該在婚前慎選伴侶，並且在婚後雙方都要努力經營；對於結果，或許挑剔不如隱忍與珍惜。熱烈相愛到白首，那是最好，但是「此情只應天上有，人間難得幾回聞」；熱情褪去之後，像朋友般終生相伴、談心，值得嚮往但實屬罕見；較務實的期待是老來作伴，相互排遣寂寞，一起回憶養兒育女的酸甜苦辣，這也有可能勝過一個人孤單伶仃的過活。

巧婦難為

「親情無價」電影裡的母親是我們所熟悉的女性特質：犧牲自己，只為成全家人。雖然這位母親學歷遠較先生低，但她卻是先生所有創作靈感的來源，暗示著這位母親很可能頗有才華，但是為了愛情、婚姻與家人而犧牲自我成長的機會。電影裡甚至暗示這個母親用過量的嗎啡自殺，以免除先生和女兒照顧癌末病人的辛苦。對於這樣犧牲到底的作為，我持保留態度而不願意濫情的歌頌。

上班的婦女要身兼職員、妻子、母親、媳婦、女兒和自己六種角色，往往因此沒有一個角色可以扮演得好。很多女性只好辭去工作，犧牲跟娘家的聯絡和自我成長的機會，全心全力去扮演妻子和母親的角色，以及履踐媳婦的責任。

不管是出於天性、制度性安排或文化制約，迄今女性仍然經常為了家庭而犧牲自己。但是，除非萬不得已，我很不希望看到「全職媽媽」這種角色，而寧可鼓勵女性在婚後至少保留兼職的工作機會，以及自我成長的空間，不要成為完全沒有自己的人生的人。

每個人都需要靠自己的能力而肯定自我，因此每個人也都有追求自我成長的需要；為家人做有限的犧牲是值得肯定的，但不該殘酷的剝奪自我成長與自我肯定的全部機會。為家人徹底犧牲自我是無奈的，有時候甚至是殘酷的。當社會條件艱苦時，為家人徹底犧牲自我是不得已的，有時候甚至值得歌頌；但是，當社會的經濟條件改善後，我寧可看到每個人的犧牲都有個限度，都保留著活出自己的機會。

有些全職媽媽因為沒上班而把教養孩子當作自己首要的責任，絕不容許自己在孩子的成績或言行上出任何差錯，這種過分緊張的母子關係很不健康。有些全職媽媽在孩子上了國中或高中後就不再被孩子需要，先生忙著上班，她們又已經失去職場的就業能力與自我成長的動力，人生再也找不到重心。有一位媽媽大學時代是才女，文筆好又讀過很多有深度的書，但是婚後在家當全職媽媽，十五年後我再看到她時，她的臉上已經毫無神采，甚至兩眼茫然，看了讓人痛心。更可怕的則是在孩子長大後成天呼朋引伴全省找美食、三姑六婆到處搬弄是非，人生荒唐而毫無意義，卻無知的自以為了不起。

有些女性雖然成為全職媽媽，但是跟先生的互動很密切，先生每天都會跟她一起吃兩、三頓飯，一起散步，並且利用這些時間講述自己的讀書心得與思想，因此她可以隨著先生而一起成長，讓她覺得婚後的進步勝過讀一個博士學位，這樣的角色還算值得。但是另一種角色就讓我覺得很不值得，這是一個很有才華的女性，她在婚後辭去工作，專心把三個孩子帶大，等孩子都上大學了，先生和孩子都認為她跟社會脫節，也聽不懂較深刻的話題，因此有較嚴肅的討論時總是有意無意的冷落她，或者希望她不要插嘴，使得她在家裡的地位愈來愈低，愈來愈沒有自信心，愈來愈懷疑自己活著的價值。

可惜的是，在全職媽媽的案例中，前者是極端罕見的，而後者卻是常見的。因此，即使不上班，我也希望全職媽媽至少要為自己保留自我成長的空間。此外，假如可以保留兼職的工作，就有機會維繫與社會的互動，甚至在孩子和家人不需要你時可以重回職場，找一份自己喜歡的工作，通過這份工作去滿足自我肯定的需要，以及維繫跟人群的互動。

結語

自古以來女性在婚姻中的付出總是超過男性，也比男性更在意婚姻的成敗。但是涂爾幹在一百多年前就已經發現，離婚後男性比女性更容易自殺，而近代的研究也一再支持一個見解——離婚的男人比離婚的女人更痛苦。所以，男人其實比女人更需要婚姻。可惜的是，很多男人在婚姻中的努力卻嚴重不足。

life

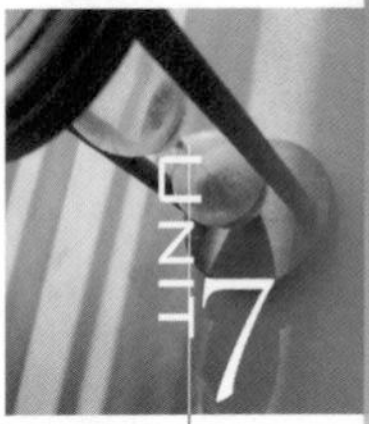

活著，為了更高的意義與價值

一個清大畢業生去澳洲打工，勤儉刻苦的當屠夫，只為了要賺第一桶金，而在媒體上引起軒然大波。為什麼？耗損兩年的時間只為了換取金錢，而與成長無關，這對年輕人而言似乎太過極端！

大家都想賺第一桶金，但是大家也希望賺錢的過程可以打開視野、累積出有意義的能力，使自己未來的人生道路更加開闊——歲月過去不能只換到錢而換不到成長。清大畢業生去澳洲打工，如果是為了打開國際視野和學習英文，這是一種成長，做什麼工作不要緊，吃苦耐勞反而是加分。清大畢業生去澳洲打工，如果只是為了賺錢而無關乎成長，大家會問台灣的經濟處境真的已經壞到必須犧牲個人成長，才賺得到第一桶金了嗎？

每個人心裡都模糊的感受到自我成長的重要性，卻又禁不住虛榮心的誘惑，因此經常忘記生命中最有價值的事並非名利的累積，而是持續不斷的自我成長、自我突破、開創生命的新境界，成為愈來愈值得肯定的自我，從而充實自己的人生意義與價值，使自己的生命變得愈來愈可貴。

與此相較，一切外在的累積都是捨本逐末。

自我成長、自我實現、自我突破是一體的三面。我們通過持續的自我成長而不斷的自我突破，並且在每一次的自我突破之後實現更高層次、更成熟、更有價值的自我。

自我實現絕非一再重複已經實現的自我，而是要實現我們潛能中更有價值的自我，因此自我實現就是持續不斷的自我突破，持續不斷的開創生命的新格局、新境界、新視野，並且在不斷的自我突破中提升生命的價值、意義與層次。

生命的意義與價值、自我實現與理想其實是一組高度相似而互通的概念，生命的意義與價值也離不開「成為更可貴、更有價值的自我」，而理想必然包含著「活出自我中最可貴的潛在可能性」。自我實現就是一再打破生命的現實，一再突破生命的困厄與僵局，永不息止的追求更理想的生命境界與層次，從而持續提升自己的生命意義與層次。

人生的意義與自我突破

如果說「生命是長期而持續的累積」，那是回首我們過去走過的軌跡；我們也可以說「生命是持續的成長與突破」，那是懷抱著對未來的期待，謀思當下努力的目標與行動。

人不只活在當下，也活在過去與未來。更準確的說，人憑著過去所累積出來的能力和智慧，在當下努力尋找開創生命新格局與自我突破的可能性，以便在未來活出更好、更有價值的自我與人生。因此，生命既是長期而持續的累積，也是不斷開創與突破的過程。

生命就是變化，一成不變就是死亡。如果你到我家來，客廳盆栽裡的榕樹從來沒有變化，既不長新葉也不凋零，你會怎麼說？「假的，塑膠做的。」生命就是一邊凋零一邊成長，用成熟的智慧與情感取代年輕的懵懂與熱情，用更有價值的人生新境來取代逝去的童年與青春。若非如此，取代青春與熱情的將是日益卑劣的欲望與野心、跟著身體一起敗壞的心靈！

你可以將生命的意義看成是要去完成某種結果、達到某個境界，但是你可以具體掌握的仍舊是不斷開創與突破的過程，是這個過程在產出結果與累積。

有人問：「如果生命是長期而持續的累積，到底要累積的是什麼？」累積思想的能力、情感的能力與人生的智慧，累積出愈來愈成熟的自我；累積生命裡深刻、莊嚴的感動，累積生命的巔峰經驗，讓自己可以自信的說：「這樣活著，值得！」累積履踐人生理想與人生意義的過程，讓自己在這過程中實現人生的意義、豐富生命的價值。那麼，又要開創與突破什麼？開創更深刻、寬廣的思想、情感與人生的智慧，突破自我的限制與重複；開創更深刻、莊嚴的人生視野與感動，突破自己對大自然、藝術與文學的體驗，再創更高的生命巔峰經驗；開創更高、更廣、更深刻的生命格局，突破狹隘、貧乏的生命意義。

人生的意義與生命的價值就在這不斷開創、突破與累積的過程！

孔子說：「朝聞道，夕死可矣。」又說：「吾道一以貫之。」很多人因此誤以為人生有個神秘的道理或終點，只要看見它就可以死而無憾。

其實人生就像一趟為期兩、三個月的歐陸旅遊，我們真正的收穫不在終點，而在沿途一點一滴的累積——我們希望在異地體驗到不曾有過的滿足與感動，我們希望在旅途中得到新的啟發與領悟，我們希望這趟旅行的每一天都有新的收穫，每天都過得值得，沒有虛度。但是，人生不可能那麼完美，每天都有滿滿的收穫；務實的說，如果在回國的前一天回顧整個旅程，不管我們錯過多少原本希望能看到的美景、名畫與偉人的故居，不管有多少景點是見面不如聞名，只要旅途中的收穫夠豐富，就可以心滿意足而毋須遺憾。

人生也一樣，七、八十年的人生遲早會結束，臨終的那一刻回顧過去，在大自然、文學與藝術裡得到過足夠的滿足和感動，從歷史上各種偉大人物的生平和作品裡體驗到他們生命中最輝煌燦爛的巔峰經驗，對人性與人生累積出各種覺察與洞悟，並且做過許多有意義、有價值的事，這樣就足以告慰一生。

人生的意義與價值沒有簡單的答案，它靠的不是一朝一夕的頓悟，而是一輩子持續不斷的自我突破與累積。禪宗所謂的頓悟也不是進入一成不變的「境界」，而是覺悟到持續不斷的自我突破的要領。雖然證道詩、偈與公案是禪宗的寶貴遺產，但是答案愈簡單愈可能誤導修行者困守在特定的窠臼裡，扼殺了人生與佛法的活潑生機。所以禪宗才會一再強調不執著於文字、不執著於任何既定的佛法。歷來修行者都會問：「如何是祖師西來意？」想藉此問出佛法的精髓，而歷代禪師則絞盡腦汁規避過分簡化的問答。性空禪師說：「如人在千尺井中，不假寸繩，出得此人，即答汝西來意。」院奉禪師說：「東壁打西壁。」相林禪師說：「坐久成勞。」趙州禪師也答非所問的說：「庭前柏樹子。」翠微禪師則拿起禪杖打發問的龍牙禪師，馬祖禪師更是把水潦禪師踩在腳下。不著邊際的問題，只能不著邊際的回答。

一個人只要能夠不斷開創生命的新局與自我突破，就可以不受既定成見的束縛，與日俱進的增長智慧，而獲得心靈的自由，並且持續不斷的累積、提升生命的意義與價值。這樣子不斷自我突破與開創生命的新局，遠比漫無目標追求一時一刻的頓悟還更踏實，也更容易實踐。

生命的價值與自我突破

一位富人、一位權貴和一位智者因為船難而一起漂流到一個陌生的小島，智者可以在翻譯人員的協助下解開當地人對生命的困惑，而贏得當地人的尊敬與肯定，富人與權貴卻變成是一無是處的人。生命的意義與價值不在於功名利祿等身外之物，而在於一個人已經完成的自我——他的情感能力、思想能力與人生智慧。一個人的富足也不在於財富權勢等身外之物，而是在於他的情感能力、思想能力與人生智慧。一個智者在陌生的小島上，照樣可以繼續欣賞大自然的莊嚴、神秘、崇高與美麗；照樣可以藉著小島上的陌生社群去擴展他對人性與人生的省思，思索人在各種不同自然、社會、經濟條件之下，不同的理想和現實，以及如何開創這個社群的人生價值與意義，從而進一步打開他的人生視野。他照樣可以在過去累積的基礎上繼續自我成長，不跟過去割裂，也無損於人生的樂趣與滿足，照樣可以在自我成長的過程中充實他的生命價值與人生意義。

一個人真正的自我就表現在他思想的能力、情感的能力與人生的智慧，而非他所擁有的身外之物。身外之物不屬於自我的一部分，功名利祿可以用來暗示一個人在特定社會脈絡下所發展出來的能力與外在的資源，卻無法用來等同於人最核心的自我，或者生命最核心的價值與意義。

很多人活了一輩子，只有財富、權位與功名等身外之物有持續的累積，但內在的自我卻一再重複過去，始終不曾超越自己十五歲時的格局——不曾看見比功名利祿更高的人生意義與價值，不曾體驗生命裡深刻、莊嚴的感動，不曾發展出更深刻的情感能力和人生的智慧，也不曾突破狹窄的人生視野。活著，如果只有外在的累積，而不曾在思想、情感、智慧上持續不斷開創新境與突破自我，那是一種生命的浪費，簡直白活！

生命是人所能擁有最寶貴的東西，除了用它換取自我成長、自我突破與理想實踐之外，不該用它換取更廉價的東西，否則就是在浪費生命、糟蹋生命。「以命搏錢」的人把生命當作比金錢更低賤的東西，那是因為無知。但是，一個人怎麼會用寶貴的生命去換取廉價的功名利祿，而不敢去追求理想，也不曾在思想、情感、智慧上開創新境與突破自我？因為他不敢靠自我成長來肯定自己，只想要仰賴別人的掌聲來安撫卑怯的信心。這是虛榮心的奴隸，是自卑與盲從的可憐蟲！

理想不是年輕人的專利

人如果會覺得生命空虛、乏味，那是因為找不到可以激起自己熱情的理想或自我實現的目標，因此只能在現實世界裡一再重複既定的生活模式，再也找不到人生的新意，找不到可以激起熱情的理想、憧憬與盼望。生命變成一灘死水，困死在現實的泥沼裡，而人生也因無休止的重複而變成愈來愈乏味的苦勞。

很多人在年輕時被長輩口中的現實嚇壞了，拋棄各種的熱情與理想，汲汲營營擠名校、爭奪經濟與社會上較有利的地位，鞏固好基本的現實之後繼續拚命往上爬，生怕掌聲消逝之後不知道要靠什麼過活。終於到了四十歲，現實中可以成就的都已經成就了，卻沒有傳說中的幸福感，反而因為一成不變的生活模式而愈來愈厭倦、無聊；偶爾偷窺一下鮮少去探問的內心世界，只覺得裡頭空洞、寂寞，甚至愈來愈虛無。看著身邊的人不擇手段的往上爬，覺得既愚蠢又噁心；但是問自己要的是什麼，卻說不出個名堂，甚至連上一次的熱情激盪是多少年前都已經記不得了。

現實已經乏味，理想卻不知道在那裡，有時候覺得這樣活著還不如繼續在現實裡無知的打混，但是又不甘心那樣浪擲生命。怎麼走出這個困境？

理想與熱情經常被看作是年輕人的專利，我一直都不懂這是什麼道理。我問一位年華老去的女人，在六十歲的時候能有何歡欣可言？她回答年輕時讀不懂的書都開始讀得懂，年輕時想不透的問題一個個容易想得通，甚至做事的能力也遠比以前強，因此活得比年輕時更自信、自在、從容。

假如年輕時為了「養家活口」而屈就現實，逃避理想和自我，熟年的最大好處就是有足夠的積蓄和經濟能力使自己免於現實的煩惱，也有足夠的能力和人生智慧去完成年輕時沒有能力實踐的夢想，或者去探究年輕時無法體會的人生意義和價值。追求理想和自我永遠不嫌晚，寧可太遲也不要一輩子不曾開始。

除了現實的財富權勢之外，人生還有什麼更值得追求的？讓自己有能力追求超乎現實之外的價值，活出自我，而不是一輩子委屈的活在現實的小小泥沼裡。除了有一輩子夠用的財富，我們更渴望從大自然與文學、藝術中獲得愉悅和滿足，讓你所關心的人變得更幸福，並且看見值得不計得失去追求的人生意義與價值，用一生的履踐過程讓自己有信心說：「這樣的人生，值得！」

其次，我們也渴望擁有人生的智慧，有能力安頓各種嫉妒、懊惱、悔恨、憂慮等負面的情緒，也有能力跟發生在自己身上的各種遭遇、命運坦然共處。自我實現又是為了發展出攸關人生幸福的六種能力——養活自己和家人的能力，欣賞大自然、藝術與人文思想的能力，愛的能力，追求人生意義與價值的能力，安頓嫉妒、憂慮、貪婪、懊惱、悔恨等負面情緒的智慧，以及坦然面對命運的能力。

反諷的是，當一個人畏於現實而不敢去追求理想與自我實現時，他反而無法培養出上述的六項能力，而沒有這六項能力的人，就無法得到完整的人生幸福。

為了現實而犧牲理想，一點都沒有比較划算或比較聰明。

其實，追求理想與安頓現實並非衝突、矛盾的兩件事。如果你會擔心現實，可以在「X%的理想+Y%的現實」裡追求自我實現，而不需要終生畏縮在陰暗的小角落裡。一個電機系的學生很苦惱的跟我談他想轉系念哲學的心願，以及擔心家人的反對。我建議他先去旁聽幾門有興趣的課，利用寒暑假繼續認真念哲學書籍，興趣不減的話就修輔系或雙主修，等大學畢業後再決定要考那個研究所。

以前台大醫學院有一位著名的作家王尚義，他在牙醫和作家兩種生涯間掙扎很多年，也以理想與現實的衝突為主題寫了好幾本書；他在畢業後不久便因肝癌而英年早逝，成為我們那一代悲劇人物的代表。但是現實與理想不必然要毫無妥協的衝突起來，侯文詠就是另一種典型的例子。他熱愛寫作，卻因現實的壓力下而進入醫學院就讀；一度想當導演，又因家人反對而作罷；他一邊當醫生，一邊寫散文和小說，等到作家的地位相當穩定之後，才在太太的支持下辭去醫生的工作，專心寫作。在他身上，理想與現實找到迂迴共存的模式。

其實，現實沒有那麼可怕，在「X％的理想＋Y％的現實」裡，現實與理想之間沒有藩籬，隨時可以掌握機會去追求理想，隨時可以退回來固守現實裡面不可或缺的部分。

結語

現實不是理想的最大敵人，看不清楚現實的虛假與貧乏，看不見人生真正的價值與意義，因而不敢靠自己內在的累積去肯定自己的價值，只能畏畏縮縮躲在掌聲和虛榮心裡，這才是人不敢追求理想的根本原因！

如果你可以不在乎別人的肯定，也不在乎別人的鄙夷，就可以隨時隨地找機會做自己認定有意義、有價值的事，隨時隨地活出自己的價值和意義。

很多人在孩子長大後不知道要如何維持親密關係，也有很多人長大後不知道要如何跟父母親密互動而感到遺憾。孩子長大之後的親子互動是台灣人相當普遍的難題，尤其父子關係更顯得尷尬。也許所有的華人都不擅長處理這個議題，也許所有剛從父權社會走向當代社會的族群都有調適上的困難。

在《戰爭與和平》（*War and Peace*）的第一部第一卷裡，托爾斯泰很細心的描繪卸任陸軍元帥保爾康斯基公爵跟成年子女的互動，既尷尬、刻板又笨拙，一點都不像是個精明過人、洞察人心及算計、與子女彼此熱愛的睿智老人。與父親一樣聰明過人的安德烈公爵已經有自己看這個世界的獨特眼光和自信，對父親敬愛有加但已經不再事事認同。兩個見解獨到又自負過人的男人，想要好好談完一個話題而不惹起爭辯或不快，並不容易。安德烈公爵上戰場前，回家辭別父親保爾康斯基公爵，父親清楚知道兒子有戰死沙場的心理準備。第二天傍晚，安德烈公爵去向老公爵話別時，當父親的一針見血對兒子說：「女人都是這樣的，但是你不可能離婚。」老公爵什麼都不問就知道兒子不喜歡媳婦，兒子卻因老人家洞察他的心思而感到既安慰又不甚愉快。

保爾康斯基公爵和安德烈公爵如果不是父子，很可能會成為很好的忘年之交。兩個相互欣賞的人之間多一份親情，不是會使互動更親密？不一定！父子關係往往比朋友關係更複雜而尷尬！朋友之間只要相互欣賞而不需要事事相互認同，但是子女往往期待著父母的嘉許，這就使得彼此觀點的差異變得很敏感，一不小心就會從「觀點不同」變成「對子女的否定」——即使父母無心，也往往會被子女誤讀，因而平添兩代之間的緊張。

另一方面，父母對子女的關心若不審慎拿捏，不小心就會變成對子女的壓迫與傷害。卡夫卡（**Franz Kafka**，一八八三—一九二四）曾經在《給父親的信》（***Brief an den Vater***）中這樣形容他的父親：「我瘦削、弱小、肩窄；您強壯、高大、肩寬。」卡夫卡一輩子活在對父親的畏懼下，永遠覺得在父親面前抬不起頭，甚至連父親的陰影都好像比他更強而有力。卡夫卡的父親不見得不愛他，但是卻幾乎完全不了解他，甚至竭力想要把卡夫卡改造成跟自己一樣的人——強悍（而近乎粗暴）、率直（而近乎粗魯）、刻苦（也以一樣的標準壓迫他的雇員）。卡夫卡所有的優點（纖細、敏感）都不是父親所能了解的，因而都變成父親極力想要消除的缺點（優柔寡斷、沒有男人氣概）。

台灣甚至有更悲慘的案例，一個即將上大學的學生跳樓自殺了，只因為跟高三的女朋友偷嘗禁果而懷孕。雙方家長替孩子做了墮胎的決定，但是卻沒有拿捏孩子是否承擔得起後果，留下一輩子無法挽回的遺憾。親情可貴，拿捏失當時卻會造成一輩子的悔恨。

關心與尊重的拿捏

父母對孩子的關心往往是一輩子的，辛苦累積財富為的是留給子女，也常擔心成年子女的財務、感情、婚姻與前途，因此常常善意的介入成年子女的生活，卻從來沒去想過這樣是否合適。

我五十四歲時爸爸已經八十四，還會大清早跑到清大教師宿舍來幫我修紗門，甚至幫我孫女釘一個圍欄，就怕她趁大人沒注意時爬出臥房，從樓梯摔下來。爸爸每年幫我報稅，替我節稅也同時趁機了解我的財務，從我收集的發票裡了解我的生活開銷，就怕我錢賺太少，或者不知道要存錢給下一代。每次我提醒爸爸：「我當正教授都已經十幾年了，當祖父也已經好幾年，應該可以照顧自己了。」他總回我一句話：「學校的環境太單純，你不懂社會和人心的險惡。」父母對子女的關心，真的是一輩子不曾休止。

關心無妨，替孩子做決定可得當心，尤其是面對已經成年或已婚的孩子，更要審慎。一個母親嫌女兒的男朋友科系太冷門，再三批評，不厭其煩，直到女兒被迫跟他分手。後來女兒的情感際遇一直不順，但是原來那個男朋友卻考上高考後在工作上發展得很順利。女兒因而怨母親害她嫁不出去，母親也不知道該怎麼面對這問題。感情的事不只外人管不得，父母也很難插得上手。如果你擔心孩子的感情問題，寧可事先多培養孩子的識人之能，以及對婚姻、情感、兩性差異等問題的認識，讓他們在跟朋友或異性交往時有自己擇友的能力。如果等到兩人都已經陷入戀情才出面阻擋，往往很難估算這會造成多大的傷害，甚至也很難估算孩子是否受得了後果。

在「心的方向」（About Schmidt）這部電影裡，傑克．尼克遜（Jack Nicholson）飾演一個專心投入工作的精算師，從來沒有時間去理解家裡發生的事。退休後不久，他太太跟著去世，他無所事事下決定開長途的車程去看即將結婚的女兒，勸她取消婚事——這女兒從小到大都很傑出，但未婚夫卻平庸無能得不可思議。他到了女兒和未婚女婿工作與居住的城市，女兒很不高興他的強行介入，要求他只能在婚禮上祝福或者缺席；他借住在女兒未來的婆婆家，這個未來的親家怪誕邪淫，還誇讚自己的兒子可以帶給他女兒性的滿足，甚至主動進入他的浴池求歡，嚇得他逃出門去窩在自己的車裡過夜。但是，他沒辦法問女兒的性事，也不知道女兒到底是喜歡這未婚女婿或者早已落魄到萬不得已。第二天的婚禮上，他只好言不由衷的給予祝福，然後莫可奈何的離去。

長大的人都有隱私，即使是父母也不該強迫子女一一交代清楚。更何況孩子長大出外求學之後，必然經歷許多父母不知道的挫折、感動、啟發與低潮，甚至在老師和朋友的砥礪、衝擊下，發展出父母陌生的價值觀和人生的渴望，這些關鍵性的人生歷練不是事事都可以跟父母說得清楚的。

媳婦生第二胎時，我跟太太去英國幫她做月子，也去看兩個孫女。有一天吃飯時，我跟坐在飯桌對面的太太講話，兒子也跟媳婦在飯桌的對面講起話來。那個畫面有點像改版過的網球雙打——我跟太太隔著球網在講兒子和媳婦插不上嘴的話題，而他們的對話裡則滿是我沒聽過的人名和事件，兒媳出國留學後我們聚少離多，彼此之間已經有著大量沒有交集的生命經驗。當下我非常強烈的警覺到我們這個大家庭裡其實是兩個非常獨立的小家庭，各自都有很難向第三者說清楚的大量生命經驗。

其實，夫妻就是可以用很簡短的話語交換旁人聽不懂的大量訊息，因為只有他們兩人具有足夠的共同生活經驗去解讀這些簡短的語彙。因此，夫妻的關係是連父母都無法取代的，為人父母者也不該去介入子女婚後的生活和決定。

生命經驗不同的人，本來就不該替另一個有自主能力的人做決定。教一個生命經驗不足的年輕人去模仿智慧成熟的老年人，結果很可能因為智慧不足而只感受到無法忍受的痛苦，卻感受不到任何的喜樂。每一個決定都必須以當事人的生命經驗為基礎，每一個決定的好壞都要視當事人承擔痛苦與感受喜悅的能力，而不該用「客觀上」的「對、錯」或「好、壞」來強迫一個人去接受「正確」的決定。重要的不是「對」或「錯」、「好」或「壞」，而是「受得了」與「受不了」、

「適合」或「不適合」、考慮「周全」或「不周全」。

因此，我常對學生說：「我不是你，無法替你承擔一個決定所必須忍受的痛苦，也無法引導你去享受一個決定所能帶來的滿足。我不是你，就不該替你做決定；你不是我，就不該模仿我的決定。」即使父母與子女亦然。

更何況，即使夫妻也難免有價值觀與生命經驗的差異，要他們做出共同的決定，承擔共同的後果，已經夠複雜、夠困難，真的不需要第三者再來攪局。

如果你真的擔心子女的決定，可以提醒他們要考慮那些後果，但是不該反覆再三的重複同一個意見；你只能引導他們去看見各種決定的可能後果，但是必須把決定留給他們，畢竟苦樂都是他們在承擔，你無法頂替。

難分難解的臍帶相連

從孩子很小的時候，我就一再跟他們說有任何問題自己解決不了的話，一定要回家跟我商量。我也一再表示當他們滿二十歲以後，有任何事情跟我意見不相同時，都照他們的意思去做，我的意見只供參考而不須遵循。但是要做到就是很難。

自愛的人，上了高中或者大學之後就不想再讓父母為自己煩惱，什麼事情都是寧可找朋友或兄弟姐妹商量，萬不得已或萬萬不得已時才讓父母知道。另一方面，自以為已經長大的人其實還是很在乎爸媽對自己的看法，總巴望著爸媽對自己的選擇或決定表示肯定或支持，甚至在爸媽還沒有開口時就已經擔心他們的反對而自己鬧起情緒來。偏偏二、三十歲的人半大不小，做起重大決定來難免顧慮不周，爸媽看在眼裡很難沒有三兩句提醒，即使表面上裝作放心也很難不牽掛。兩代之間各有各的尷尬，有些話題就是很難談開來。

子女長大之後，我才覺悟親密關係很難沒有牽扯、糾纏的成分。在親密關係裡，我們總是會期望得到父母的首肯與支持，不可能不顧他們的感受而一意孤行；但是為了遷就父母的感受而調整自己的決定，次數多了心裡難免會不舒服。於是，很多事情乾脆不去提起以避免麻煩。做父母的呢？明知孩子的考慮不周全，又怕說多了惹人厭，只好擱在心裡。就這樣，原本無話不說的父子，後來卻談不上幾句嚴肅的話題，甚至愈來愈少談心底話。久而久之，習慣養成了，兒子想跟爸爸談心事卻不知從何說起，當父親的也不知道兒子心裡到底擱著多少沒說出來的心事。

親子之間有沒有可能像朋友，只有相互的支持而沒有親情的糾纏與壓力？理論上是可以的。美國人一向重視兩代之間彼此獨立完整的個體性，孩子上大學之後自己賺錢付學費是常事，向父母借貸時付利息也不算怪異，甚至父子、翁媳直呼其名而無長幼尊卑之序，成年後彼此不相過問對方婚姻、戀情更是常事。

華人社群則不然。《紅樓夢》裡，賈寶玉被誣告強姦不遂而害死婢女，父親賈政氣不過，打了他數十大板。溺愛孫兒的賈母一來，幾句重話就說得賈政叩頭哭道：「母親如此說，兒子無立足之地了！」賈母冷笑回他一句：「你分明使我無立足之地，你反說起我來！」賈政馬上直挺挺跪著，苦苦叩求認罪。華人社會一向長幼尊卑高過是非曲直，即使是父慈子孝的家庭，都隱約藏著父母對子女似有若無的否決權。尤其小時候事事必須徵得父母同意，長大後到底那些事可以自己完全作主，界限往往不夠明確。

但是，如果大家找機會把話說清楚，彼此尊重對方完整的獨立人格，充分了解成年子女為自己做出最終決定，並承擔一切後果的必要性，還是有機會只享受親情而毋須尷尬的相互羈絆與牽扯。

不過，這是理想情況，兩代的溝通必須兩代一起努力，如果只靠單方面的努力，那就像人的兩隻腳，一隻不動的話，另一隻最多只能跨出一大步的距離。

我父親自幼家貧，從小就不得不刻苦自勵，想盡辦法賺取一家的生活費和我祖父高昂的醫藥費，因此養成務實而不善言語與情感表達的個性。我長大後想要送他任何禮物，都被他以「不需要」拒絕；想陪他談幾句話，或試圖讓他了解我為什麼不願意汲汲營營追求名利，他都三兩句就下結論而讓我說不下去。但我一直都知道他對家人和子女的關心，而我陪著他走過癌症末期的那幾年，也讓他充分感受到我的心意。我們父子就這樣，教育背景與人生價值南轅北轍，一輩子說不上幾句話，但並不妨礙彼此的關心與深情。

其實，不得已時這樣也夠了。

當藥石罔效的時候

過去這幾年來，我先是陪著爸爸走過兩年半的癌症末期，接著又陪著媽媽持續面對無藥可治的硬皮症。幾年下來有個感想——當醫師束手無策時，家人的陪伴是病人唯一的良藥，可惜很多人卻不知道這一點。

爸爸從小吃慣了苦，熟稔各種雜役，又閒不下來，整天找家事做，所以他身體一直很硬朗，到八十幾歲時體能都還比我好。於是當他發現自己一輩子菸酒不沾卻罹患肺腺癌時，完全無法相信，尤其是一發現就已經是癌症末期，更難接受。

爸媽感情好，彼此不捨，因此爸跟媽說：「我去化療，看能不能陪你久一點。」但爸媽都是極端謙遜自抑的人，到台大就醫時根本不敢問醫師問題，嘴巴上說：「都聽醫師的」，心裡卻希望有治癒的機會，至少也希望能有個三、五年。兩人在單人病房裡低聲商量，我也知道他們渴望了解病情。因此，我開始找遍網路上各種資訊去自行研判有多少種治療的選擇、可能採取那些藥物、可能會有何副作用，然後再跟實習醫師保持聯絡，來理解病情與可能的治療策略，以便見主治大夫時，可以在短促的門診時間裡知道醫師對病情的最新研判，以及醫師的治療策略。醫師也因為跟我解釋病情或討論治療策略時很容易溝通，因此願意在百忙中跟我討論爸爸和家屬的意願跟期待。

不久後，爸媽把我當成醫師的特別助理，不敢問醫師的問題或期望都會跟我說，再由我去跟醫師討論；對病情的進展或用藥、治療方法有憂慮、不安或恐懼時，會找我諮詢，而我則視他們能接受的程度，慢慢把相關訊息反覆解釋給他們聽，也藉機緩和他們的疑慮或恐懼。醫學統計上，爸爸一開始就只剩九個月的時間，要達到他們所期待的三至五年治療期，簡直不可能。於是，我又有了雙重任務，一方面協助爸媽評估各種化療的副作用與可能的治療策略，解釋病情的變化，協助他們緩和恐懼和疑慮；另一方面則分別探測爸媽的心理，協助他們去接受爸爸可能會不到三、五年就過世的事實。於是，我又逐漸變成爸媽的諮商師。

在淡水馬偕這樣先進的癌末緩和醫療體系裡，病人與家屬有機會受到一個完整醫療團隊的全方位照護，從生理、心理到信仰，面面俱到。但是我常想爸爸生性拘謹，不輕易跟陌生人說心底話，連跟家人都不知道要怎麼表達情感，諮商師真的能從他口裡知道多少事？我從小跟著爸爸長大，媽也習慣跟我商量家裡的事，他們的心情我很容易猜到，他們也比較願意跟我開口；換個陌生人，再怎麼專業也不見得能在有限的時間內掌握他們的心思。何況，癌末病人的情緒與思緒不但複雜，而且瞬息萬變。真的需要諮商師的時候，諮商師隨時有空嗎？

更重要的是，癌末病人孤單面對死亡時，家人的關心是他們克服孤獨感最重要的支撐力量。這更加不是諮商師所能替代的！

後來爸爸體能愈來愈差，也愈來愈自覺時間有限，因而心情起伏大，時而不甘心，時而千頭萬緒不知從何說起。我試著跟他一起回憶過去，引導他去肯定自己這一生的價值，傾聽他交代後事，直到最後感覺到他已經坦然接受自己即將到來的死亡，我才鬆了一口氣。這就是我從一開始以來最重要的心願——陪著爸爸走過他人生最後一段（也最無助）的旅程，緩和他一路上的不甘願、憂慮、恐懼、悲傷和絕望，協助他坦然接受自己的死亡。

後來，爸爸的體力已經無法承受新竹、台北來回奔波的旅程，身體也已經受不了化療的毒素累積，我建議他在新竹接受居家安寧療護，不要再去台北。不到一個月後，爸在熟睡中於自己的床上過世，完成了他最後的兩個心願——在自己的兄弟姐妹中最長壽、在熟睡中從自己家裡離開人世。爸的遺容平和，沒有任何的痛苦和遺憾。

一位朋友後來跟我談起他母親治療癌症的經歷，對談中一再不以為然的說：「我們的醫師為什麼都沒說」、「我們怎們都不知道還可以有這樣的選擇」？我不忍心跟他明講醫師那麼忙，那有空對每個病患都鉅細靡遺的從頭解說？在我的看病經驗裡，一個病患能從醫師那裡知道多少訊息，是看他極短時間內有能力聽懂多少專業的解釋和術語；而一個病患能有多少種醫療的選擇，也是要看病患自己做了多少種功課、有多少心理準備。

人生中最後一段路既艱難又孤單，沒有子女的陪伴往往是很難走的。每次去台大，看到外勞推著孤單的老人而沒有子女陪伴，我都不禁感慨他們的子女大概不知道當藥石罔效時，子女能做的其實比醫師更多！

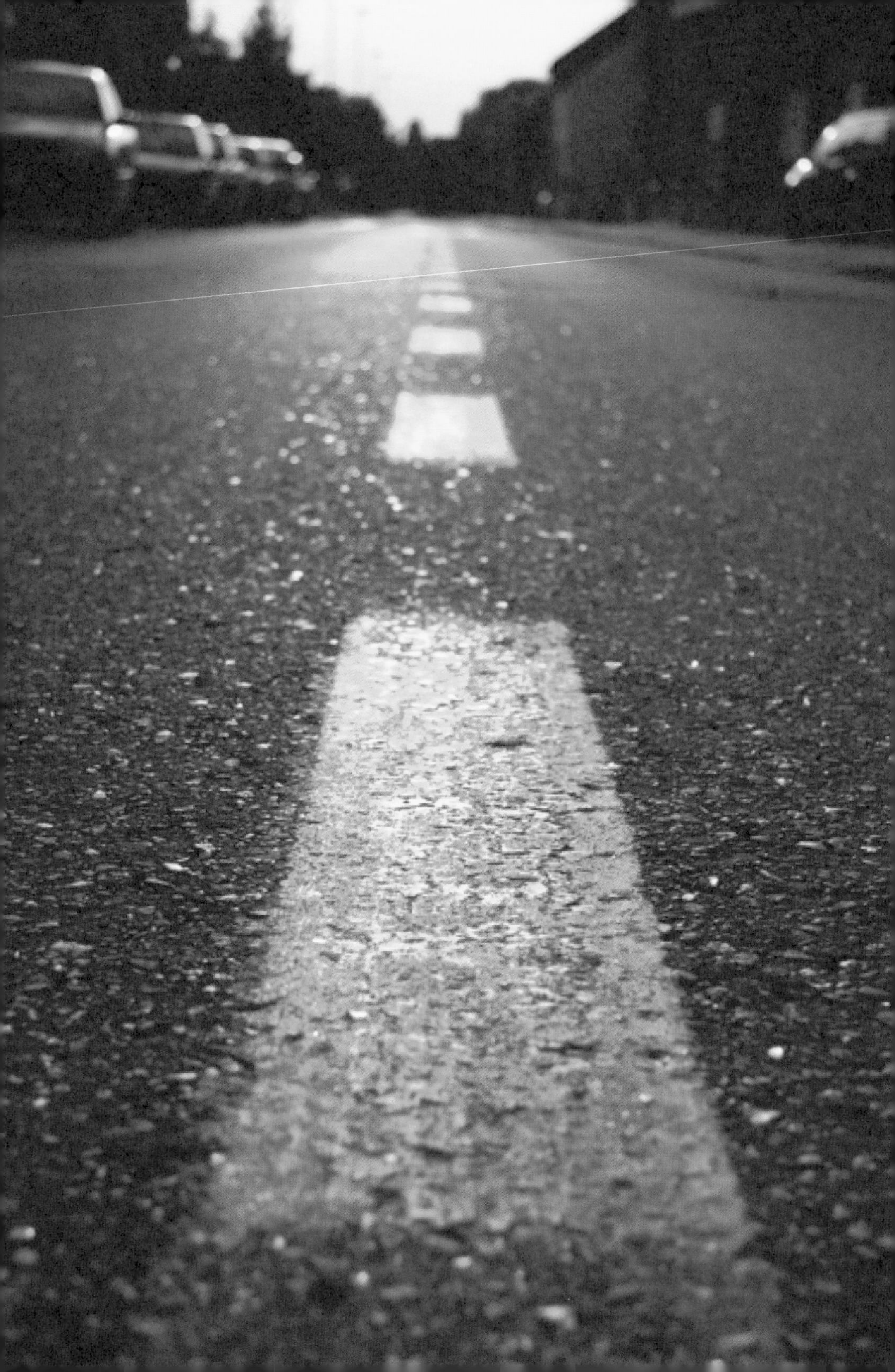

第二部

活出自己

「活出自己」是很多人的渴望，而「人生的理想」與「自我實現」或「忠於自己」則息息相關，它們都是為了要實現一個人所有潛在的可能性，以便活出「更好的自己」，乃至於活出「最好的自己」，而「忠於自己」也應該是要忠於這個「最好的自己」。因此，「人生的理想」、「活出自己」、「忠於自己」或「自我實現」都有一個共通的核心概念——突破現在的我，「活出自己最好的可能性」，活出生命的最高價值與意義。

很多人在畢業以後只有外在的地位、頭銜、權力和財富有所改變，而他的情感能力、思想能力卻毫無進步，人生的視野與人生的目標也和年輕時一樣狹隘、粗鄙、幼稚。這樣的人生只能算是有成就，不能算是有自我突破與自我實現，有身價而不必然有意義，有野心而不能算是有理想。

人如何可以在觀念上一再自我突破，在情感的細膩度、深刻度與寬廣度上一再打開新局？人如何可以在內心世界裡一再自我成長，使得智慧、生命視野和情感深度隨著年紀而永不息止的擴寬、加深，使得他可以理解與感受的世界愈來愈遼闊、深刻而恢弘？人如何可以隨著年紀漸長，愈來愈了解生命中有哪些值得追求的，以及生命中所有事物的意義與價值，因而愈來愈懂得先後、輕重與取捨，也因而愈來愈少價值觀的衝突、焦慮、茫然與困惑？

向歷史上認真活過的各種人學習！

無論是哲學家、科學家、文學家、畫家或音樂家，只要曾經認認真真活過的人，就必然反覆而嚴厲的質問過自己：「人活著有什麼意義，除了俗世的名利權位之外，人生到底有什麼更值得追求的？」在這些嚴厲的自我質問下，他們一再嘗試攀登生命的各種顛峰，也各自經歷了生命中最極致的顛峰經驗，體會過作為人的最高意義與價值，甚至在最苛刻嚴厲的生存條件下，抗拒自殺與虛無的誘惑，而找到生命的意義與作為人的尊嚴，乃至於體驗到莊嚴、神聖的情感，而足以確信「人不僅僅只是動物而已」。

過去兩千年來有許多偉大的哲學家、藝術家、文學家、政治家與宗教家，以他們一輩子的摸索與實踐，向我們展示了人類各種偉大、高貴的生命意義價值，看到這些偉大的靈魂，我們就同時看見自己潛在的價值與自我突破的可能性。

在冬日難得的豔陽下，學生有時候會感慨的說：「我真羨慕草地上那一群狗，徜徉在暖烘烘的陽光下，不需要為現實煩憂，也不需要為理想苦惱。」我會回答他：「如果你那麼羨慕狗，只要把塑膠袋套到頭上，讓大腦缺氧幾十秒，就可以從此無憂無慮的過活了！」但是，當然沒有任何人願意這樣做。因為儘管現實與理想讓人苦惱，我們還是渴望著比「無憂無慮」更有價值的人生。

只要是人，恐怕就無法不渴望比現況更加有意義、有價值的人生，這種對於意義與理想的渴望根植於人性深處，數千年不變！而且，這份對於理想、意義與價值的渴望，很可能就是人跟其他動物唯一重要的差別。

即使是一塊磚頭，也渴望著更高的價值與尊嚴

電影「桃色交易」（Indecent Proposal）是由勞勃・瑞福（Robert Redford）和黛咪・摩兒

（Demi Moore）主演，許多人印象深刻的是「可不可以用一百萬美金出賣女友一夜春宵」這個話題，而我一直忘不掉的卻是電影裡面一段口白：「即使是一塊尋常、不起眼的磚頭，也渴望著超越它既有的價值，成為更好的事物。這是我們每一個人的宿命！」（“Even a common, ordinary brick wants to be something more than it is. It wants to be something better than it is. That is what we must be.”）其實，這段話出自美國當代建築大師路易・康（Louis Kahn，一九〇一—一九七四）。

路易・康是當代最偉大的美國建築師之一，他的工作就是要讓尋常、不起眼的磚頭超越它既有的價值和存在——想像西班牙聖家堂（Sagrada Familia）上面的一塊石頭，當它剛被運到工地時，它只不過是一塊尋常、不起眼的石頭；但是當它被加工並安置到教堂上頭之後，它卻與莊嚴、神聖的偉大建築合為一體，成為人人景仰、崇拜的建築物中不可或缺的一部分。作為影響無數建築師的賓州大學建築系教授，路易・康很清楚他自己扮演的角色——激發學生生命中最寶貴的情感與想像，讓他們從莘莘學子成為可以激發人類偉大情感的建築師。

建築之所以可能，教育之所以可能，就是因為我們每一個人的血液裡都流淌著對人性昇華的渴望。我們都渴望超越平凡，經歷自己生命裡莊嚴、可貴，乃至於偉大、神聖的可能性，見證「身為人，值得！」的那份榮耀。如果沒有這一份求好之心，教育不可能有功效，建築物不可能激發觀賞者深刻的情感。

同樣的，如果沒有這一份對於超越、意義、價值與理想的渴望，我們也很難想像人類如何走出洞窟、創造文化，而變成與所有近親的猿類大相逕庭的人類。

很少人曾經認真想過人為什麼不是像狗那樣，滿足於簡單的口腹之欲，吃飽後就躺著曬太陽，反而持續不斷的創造出宗教、藝術與文化等無助於滿足生理欲望的各種活動？關於這個問題，有一個流傳甚廣的論述——人類是因為好奇心的驅使與好玩的習性，而開始各種的創作與發明。果真如此，黑猩猩為什麼沒有藝術與文化的創作？

黑猩猩（chimpanzee）和人類的遺傳基因有九八．五％的相同性，因此黑猩猩會說話、思考、製造工具、簡單的計算和推理，因此牠們被訓練成第一批太空人。在某一個實驗裡，黑猩猩被關在一個房間裡，並且在房間的角落放置一個高高的木箱，再從屋頂垂下兩串牠最愛吃的香蕉，一串低到牠一躍就搆得著，另一串高到牠怎麼跳躍都只能差點搆著。牠會先吃掉容易搆著的香蕉，然後試著躍起去抓較高的那一串，一再失敗後便停下來環視四周，在看見木箱之後，把它推到香蕉下面去墊腳，然後一躍而起拿下香蕉來吃。在另一個實驗裡，給黑猩猩一罐蜂蜜和一根吃蜂蜜用的細木棍，並且隔著玻璃讓牠看見對面有一堆他愛吃的花生。牠會一邊用細木棍撈蜂蜜起來吃，一邊把手指伸過玻璃縫去掏花生米來吃。剩下的花生米搆不著了，牠若有所思的靜默一會兒，便拿起細木棍沾上蜂蜜，再用這木棍穿過玻璃細縫去沾黏花生來吃；等對面的花生被吃完了，牠才再回過頭來，專心的吃完蜂蜜。

黑猩猩不僅有語言、思想與製造工具的能力，牠也有社交的需要、葬禮的儀式、領袖欲和社會階層。黑猩猩會成群結隊獵殺動物來當食物，研究甚至發現，黑猩猩會為了保護地盤或擴大地盤而戰爭、殺戮。這些行為打破了我們既往的信念——動物只有飢餓時才會獵殺其他動物。過去我們一直以為動物的性行為是受季節性的賀爾蒙分泌所操控，唯獨人類的性行為是不受季節控制，也不以生育為唯一目的。但是研究卻發現社群內雄性關係過分緊張時，雌性黑猩猩會露出性器官，吸引雄性來跟牠們交尾，藉此緩和社群內的對立。因此，黑猩猩的社會有階級、有權力鬥爭、有戰爭、有性交易。除了沒有商業和金錢之外，黑猩猩的社會和人類幾乎沒有兩樣。

那麼，除了對人生意義的追求之外，人類跟黑猩猩到底還有什麼重要的差異？

以前我們說人類是動物之中唯一有語言的，現在我們知道連海豚和鯨魚也都有語言；以前我們以為人類是動物之中唯一會思考的，現在發現許多動物都有集體狩獵的策略與協調能力；以前我們以為只有人類有殯葬儀式，現在發現連大象都會集結在逝去的同伴周圍哀鳴，並且把樹枝覆蓋在屍體上；以前我們以為只有人類會追求權力、社會地位、戰爭與性，現在卻發現這些黑猩猩通通都會。

但是，我們迄今不曾發現動物單獨自殺的個案。動物可能會「集體自殺」，但從來沒見過動物「單獨自殺」，我們更難以想像狗會突然感到「活著沒有意義」而自殺——但是人卻會因為「活著沒有意義」而自殺！

人追求活著的意義，並且會在感到「活著沒有意義」時自殺，這可能就是人類與動物最大的不同。人類或許會為了好奇與好玩而創作與發明，但是石器時代的人類之所以會跟動物漸行漸遠，其背後的推動力量恐怕還是因為人類渴望超越自我，持續追求更高的意義與價值。

這股動力不僅推動著數萬年前的人類在庇里牛斯山脈創作洞窟繪畫，也啟發了人類無數史詩英雄與傳奇人物的想像，並且還激盪著今天球場上每一個亢奮的觀眾，燃燒著我們血液中渴望超越、理想、意義和價值的熱情。

理想，在可能與不可能之間

從希臘神話的阿奇里斯（Achilles）到籃球明星喬丹（Michael Jordan）等所有傳奇人物，他們之所以能擄獲無數代人的心，都是因為他們都跟我們一樣具有人的弱點與有限性，但卻能成就超出常人的事，使我們感受到自己也跟他們一樣有著無法明確度量的潛在可能。

理想，就是超乎一切的可能，並且在可能與不可能之間創造出無窮的潛在可能性，使得我們可以終生持續懷著憧憬與盼望，並且用憧憬與盼望持續燃燒我們的熱情。活在這樣的熱情與盼望裡，我們才會覺得活得「盡興」且「盡性」（盡其天賦之稟性）。

阿奇里斯是木馬屠城記裡的希臘神話英雄，他是海洋女神忒提斯（Thetis）與凡人珀琉斯國王（King Peleus）的兒子，一半是人、一半是神。假如他像太陽神阿波羅（Apollo）只是一個純粹的神，他會變得跟我們毫不相干，因而失去一切的魅力；假如他純粹只是一個凡人，那也將會失去我們對他那無限潛能的期待與想像，因而變得不再那麼迷人。就因為他是半人半神，所以在他跟我們之間才能連結起一個想像的可能性，使得他的潛力變成我們對自己的憧憬與渴望——成為超越我們今日現況的「更出色的人」。

籃球明星喬丹的魅力也是來自於那「介於可能與不可能之間的無限可能性」，從他開始運球過人的那一刻起，一路穿越人牆，直到躍起投球進籃的瞬間，每一個動作對一般人而言都簡直是不可能的，喬丹卻有能力讓不可能成為可能；但是，如果沒有高手如雲的人牆阻隔，假如喬丹的每一次帶球過人都如入無人之境，那也會使他的球賽變得毫無挑戰性而極其乏味，就像在看NBA明星隊跟小學生打籃球一樣！

中文裡的「現實」總帶著貶損的意味，有時候是因為我們看不見它的意義與價值，有時候就只因為它是「已經實現的」、「必然可能的」，因此無法引起我們的憧憬與想像。有些人會把「年薪千萬」當作理想，但是郭台銘不可能會把「年薪千萬」當作理想——因為，所有已然實現的都是「現實」。另一方面，理想也不能高到一眼就知道絕對不可能。因此，所有的理想永遠都是介於可能與不可能之間，它比現實更高，又不是絕對不可能的，因而能夠鼓動我們的憧憬、嚮往與熱情！

所有的傳奇人物都像人類有過的每一個理想，他們超越一切既成的「現實」，使不可能成為可能，也把我們的熱情帶進可能與不可能之間的無限可能。這樣的熱情，以童話故事的形式點亮我們的童年，以傳奇英雄的故事鼓舞著我們的少年，以歷史人物和詩歌、藝術的形式孕育了我們的浪漫情懷，並且在青壯年時期成為我們追求個人理想的動力。

千古以來，人類都渴望著「成為更高的存在」，不論古今中外，不論男女老少。也正因為這份無所不在的渴望，數千年來，人類以數不清的方式在創造傳奇、參與傳奇，為傳奇的時刻喝采，並且在喝采時分享著「與有榮焉」的滋味。

就是因為無法捨棄這一份渴望，所以我們不願意把塑膠袋套到頭上；就是因為無法捨棄對「更有意義、更有價值的人生」的渴望，所以我們不願意忍受現實的有限性，乃至於無意義。

這樣一種渴望不僅不受物質匱乏的壓抑，有時候還反而會在物質最匱乏的處境下支撐起我們精神上的豐足，西藏就是一個很好的例子。在那裡，連空氣都很稀薄，西藏人卻願意縮衣節食，自己穿著終年不換的皮衣，把積攢下來的錢買絲質的哈達去供養僧侶、菩薩。從理性的表層去看，這種行為似乎是迷信；從更深層的心理去看，這又彰顯了古今中外所有人類那份超越俗世的渴望——藉著奉獻哈達的過程，一個窮苦不堪而永無出頭之日的藏人終於與神聖的世界有了關連。

法國社會學的始祖涂爾幹甚至認為每一個社會組織之所以存在，它的首要功能，就是提供一個介於俗世與神聖界的方便管道，讓每一個人都可以藉此「超越的媒介」（transcending vehicle）親自領受心靈內在那份神聖的可能性，從而見證「非物質性存在」（non-material reality）的真實性。

理想是非物質性的真實

南美印地安人有一種相傳久遠的儀式，每當仙人掌適合釀酒的季節將至時，整個部落就開始打包食物，並且沐浴更衣，準備開始一年一度的祖靈祭。然後，他們整個部落離開居住地，往祖靈所在的山上長途跋涉，沿途並由長老和年長的人訴說祖靈的故事和部落的傳奇。數日之後到達山上，開始採擷仙人掌，釀造蒸餾之後全族飲用，在迷離恍惚中經歷跟祖靈的相聚，並再度堅定祖靈的信仰。從出發前的沐浴更衣開始，整個族群一起脫離日常生活的精神狀態，而進入一種接近於傳奇故事的氛圍中，並且在連續數日與祖靈相聚的經驗裡，體驗到每一個人內在「超越」

（transcending）的可能性，從而堅信人跟神聖界的聯繫，以及個人超乎日常生活的價值。我們不能單純的把這種儀式視為迷信，它連繫著人性深層永恆的渴望——自我超越，感受到自己被緊緊連繫到更高的價值，使得生命超乎俗世的鄙瑣、無聊，而獲得意義感的滿足。

事實上，英文的"ecstacy"（出神），既可以用來陳述吃過迷幻藥後的那種迷離恍惚，也可以用來描述宗教經驗裡出神或靈魂的狂喜，或者哲學概念的「在自身之外」。因此，著名的神學家保羅．田立克（Paul Tillich，一八八六—一九六五）也用很嚴肅的態度討論宗教中的"ecstacy"。我們甚至可以毫不誇張的說，整個西方中世紀的宗教建築、藝術與儀式就是要營造一個可供教區內所有人集體進入「出神」的狀態。

試著想像一個中世紀的農夫、農婦，他們被拘束在土地上，身分形同農奴，每天幹著如牛馬的苦役，衣難蔽體而食難求飽，日復一日過著毫無尊嚴的生活。每逢星期日，他梳洗乾淨，穿上唯一縫補整齊的乾淨衣服，朝教堂走去。路上碰到地主時，地主會滿臉笑意稱呼他「約翰兄弟」或「瑪莉姐妹」。到了教堂門口，他低頭穿過大門，在漆黑的教堂裡所有塵想也逐漸一一消隱；抬頭看著從教堂圓頂下灑落的光線，空氣中的微塵在光線中舞動，不禁讓人感到似乎有一股屬靈的氣息在向上緩緩升揚。這時候教堂的管風琴響起莊嚴、神聖而空靈的樂音，牧師以莊嚴而肅穆的聲音開始講授聖經故事，一再提醒神對世人的愛和許諾，使得平日被棄如敝屣的農夫、農婦浸浴在絕不容置疑的神聖氛圍裡，感受到神在他身體裡吹進去的那一口靈氣，以及他屬靈的生命。要離開教堂時，當地貴族在教堂門口脫帽向他致意，跟他說：「願神祝福你，約翰兄弟。」於是，第二天，不管他在田裡過得多艱苦、心酸，只要看見遙遠的教堂塔尖，想起他在教堂裡神聖的經驗，他就從俗世的卑微裡昇華到神聖的領域，再度感受到他作為一個人的價值與尊嚴。

這樣的一種心境，被米勒（Jean-Francois Millet，一八一四—一八七五）捕獲，表現在他的名作「晚禱」（L'Angélus）裡。這一件作品創作於一八五七至一八五九年，那時候距離法國大革命已經有七十年了，但是絕大部分的農民還是不識字的農奴，連自己的名字都不會寫。在當時流行的社會達爾文主義（social darwinism）裡，這些農奴還是被視為與動物無異，或略高於動物的低等人類，在英國，甚至把他們當作沒有個體性的「群眾」（The masses）——他們被一群一群的計數，從來沒人在乎裡頭有誰，他們就像是一群沒有身分（identity）的牲畜。而米勒的「晚禱」之所以轟動，就是他畫出了晚禱中農夫、農婦作為人的尊嚴，讓當時的「上流社會」嚇了一大跳，突然發現這些宛如牲畜的農奴竟然有了靈魂。

今天，民主與人權已經落實到每一個人都有起碼的尊嚴，經濟與科技也已經發達到每個人都可以免於苦役，甚至有豐足的物質享受；但是宗教信仰與宗教的儀式消失了，很多人會一再提醒我們宗教儀式中的迷信與盲從，卻很少再有人提醒我們內在那一份對於莊嚴、神聖、超越的渴望。

可是，我們仍舊隱隱約約感受到一種對於現實的不安，雖然不知道自己真正想要的是什麼，卻模糊的感覺到只有現實的人生是不足的，我們還需要更多一點點！

“Even a brick wants to be something more than it is.”何況是人！

life

生命的滋味

日本料理的最高境界是壽司，而壽司米的主要功能就是要把生魚片的鮮味提出來，把腥味壓下去，再加上米粒淡雅的甜味與香味。日本人將這個滋味叫作「深奧的味道」，意思是有能力品味的人才感受得到。小孩子不懂得「品味」，所以喜歡吃麥當勞，尤其喜歡沾上味道濃烈的番茄醬。

大部分的人之所以會渴望名利與權位，是因為他們沒有能力享受友情、親情、音樂、文學和大自然的優美——感受不到淡雅滋味的人，自然只會想要濃烈又嗆辣的東西！

心不夠靜、不夠細膩的人，不但覺察不到身周的美和大自然的變化，也覺察不到心裡較深層的渴望和情感，最終甚至感受不到作為人跟動物有何差別。

晚近的美國人欠缺對自己內在世界的覺察能力，因此再也不相信看不見、摸不著的精神世界，而只相信看得見、摸得著的物質世界和名、利、權位。尤其在二十世紀三〇年代美國的行為心理學派興起之後，許多美國學者開始分不清楚人跟動物的差別，甚至倒過頭來想從動物的行為模式去理解人。

美國最著名的心理學家史金納（**B. F. Skinner**，一九〇四—一九九〇）甚至用養老鼠、鴿子的籠子來撫養、訓練他的女兒，而看不見人跟老鼠、鴿子的差別。許多美國人甚至想用動物的行為模式來判斷人類行為的對錯。一位動物人類學家將一整群愛情鳥的公鳥全部結紮，第二年發現所有母鳥下的蛋都成功孵化，因此證實母鳥通通找別群的公鳥偷情，而打破愛情鳥是終身單偶制的傳說。但是這個研究卻被用來支持一個很荒唐的結論——男女偷情是生物上的必然！

人跟愛情鳥到底有什麼關係？人跟動物真的已經毫無差別了嗎？人真的跟老鼠、鴿子、愛情鳥一樣，僅僅只是動物中的一員，此外再也沒有任何值得提起的差異，也沒有所謂的「人性」這種東西存在了嗎？

人之異於禽獸者幾希

人類跟動物最大的差別，就是他可以對自己的生理與心理狀態有高度的自覺，因此可以肯定「精神世界」的存在，並且對自己的作為與生理、心理狀態進行細微的辨察與價值判斷——這是一切個人「抉擇」的基礎。

其實，「人性」或「精神世界」的存在是一個自覺的問題。當一個人有能力「自覺」到他的內在精神狀態時，他很容易就可以發現自己跟動物有所不同；當一個人對自己的內在精神狀態沒有覺察能力時，你說什麼也無法讓他感受到自己跟動物的差別。這真的是「如人飲水，冷暖自知」。

據說台灣和香港每人平均白蘭地消耗量是世界之冠，而且高達法國人的數倍之多。一位法國朋友問我你們是怎麼喝的？我告訴他大部分的人是拿來乾杯，大口大口灌下肚，而且還比誰灌得多、灌得快。他原本聽不懂，聽懂以後目瞪口呆，歎為天下奇聞。這簡直是糟蹋法國人的用心，白蘭地根本不是這樣「灌」的！

白蘭地酒的杯子與葡萄酒杯或其他酒的杯子不同，它腹部大而開口窄、腳跟短，為的是讓人可以用整個手掌緊貼杯底，靠手掌的溫度把斟得淺淺的白蘭地加溫，使香氣充滿杯內。喝的時候先是輕輕搖晃杯子來釋出香氣，再把鼻子湊到杯口去欣賞白蘭地的香味；接著啜一小口，含在嘴裡讓白蘭地的香氣充滿鼻腔，也讓唾液和白蘭地自然混合、稀釋，然後慢慢的順著喉嚨滑進去。這樣喝白蘭地一點都不會嗆辣，而且香味和口感都特別濃郁、豐富而多層次——喝白蘭地的目的是香味和口感，而不是酒精！這才叫「品酒」。

「乾杯」只能算是「灌酒」，完全感受不到白蘭地細膩、優雅、豐富而多層次的香味與口感，只有細心「品酒」的人才感受得到名酒的價值。索然無味灌酒的是你，津津有味品酒的也是你，前後兩個人為什麼會有那麼大的差別？前者只有生物性的你，只有生理性的刺激與反應；後來變成兩個你——生物性的你被激發了各種器官的生理反應，但是現在多了一個「自覺」的你，他在仔細覺察各種細微的生理反應，甚至還對這些生理反應加上了好壞、好惡等「品味」的動作與價值判斷。

「品味」是一種自覺的狀態與作為，它是動詞；如果欠缺了「品味」的自覺和能力，我們只會有粗糙而強烈的感官經驗，而不會有較細膩、優雅的感官經驗。人的情感經驗也一樣，沒有了自覺與「品味」的能力，我們將只感受到粗糙而強烈的生理欲望，而感受不到更深層、細膩、豐富的情感經驗。

生物性的「刺激與反應」模式呈現了人類無法自己控制的動物性：渴了會口乾舌燥，喝到好茶會生津解渴，酒精喝多了會醉；而「自覺」則讓他清楚感受到自己所處的生理與心理狀態，並且有能力對此生理與心理狀態進行評價，甚至下決心在以後疏遠或親近會引起類此生理與心理狀態的情境。

後者那個對自己進行評價的「自覺」或「品味」的動作，就是人跟動物最根本的差異。只有人會對自己的作為或生理、心理反應感到害羞、沒價值、沒意義、厭惡，而試圖去避免再度陷入類似的情境。

感官受到什麼刺激就會有什麼反應，人沒有辦法改變這種動物性的「刺激與反應」模式；但是他可以選擇遠離相關的刺激，從源頭上徹底斷絕掉他不喜歡的生理或心理情境。譬如，一個酒量淺的人喝多一定會醉，這是無法抗拒的生理反應；但是一個人可以選擇不喝酒，或者淺嘗輒止，而避免讓自己爛醉如泥，甚至受宿醉之苦。

我們品味茶、品味酒、品味藝術品、品味愛情、品味各種欲望，也品味名、利、權位對自己的誘惑，並且做出價值判斷，甚至進一步自覺的改變行為模式。雖然人對欲望的抗拒不一定會成功，但是「抗拒」本身就是一種不容忽視的「人的價值」，它凸顯了我們跟動物稀微的差異，印證了「人性」的存在。

假如說動物性的「刺激與反應」模式是人的「第一天性」，那麼「自覺」、「品味」、「抉擇」與「抗拒」所彰顯的就是人的「第二天性」——因為它是人與動物主要的差異。在古典文化裡被簡稱為「人性」！

人的「第二天性」使得人成為自己一切思想、情感與行為的裁判者，也使得人渴望追求更高的理想與價值；而「品味」的能力則成為人類分辨理想與現實的基礎，以及人類各種價值判斷、抉擇與意義感的根本依據。

人與人之間的不同並非來自在於他們的動物性，而是來自於他們基於第二天性所發展出來的

「品味」能力。一個具有高度自覺能力的人，才能體會到精神世界的愉悅和滿足；而一個欠缺自覺能力的人，只能耽溺於生物性本能，卻感受不到精神世界的意義與價值，就像那些只會灌茶而不會品茶的人，他們永遠分不清楚冠軍茶跟普通的茶之間有何差異。

人文教育與品味的能力

在西方古典的人文教育裡，人文與藝術被並稱為"humanities and the arts"，因為他們都有一個共通的目標——啟發、培養受教者對人的欲望、情緒以及情感的敏銳覺察與分辨能力，使受教者可以在這基礎上進行屬於個人情感、言語、行止、進退的「品味」、評鑑與抉擇。這些教育目標跟中國傳統「士」的理念是相通的，通過這些培育的過程，我們有足夠的敏感與自覺能力去體驗大自然、愛情、文學、藝術、慈悲、悲憫等細膩而較難以覺察的珍貴情感經驗，因而對人的各種欲望、情感有了更寬廣而多樣的認識，自然就會渴望著較成熟、細膩、深刻的情感經驗，而自願對較粗鄙的私欲或其他負面情緒進行節制或調節。

因此，人文與藝術的教育就是「人」的教育，通過情感經驗與情感能力的啟發，引導我們去開發自己潛藏的自覺能力，當這份能力變得高度敏感而足以辨識隱微難察的情感與欲望時，受教者自然會因而拓展他內在精神世界的寬度、廣度與深度——也就是說，這種教育的目的不是消除、壓迫人的第一天性（動物性），而是要協助受教者充分開拓、發展他的第二天性（自覺性與「品味」的能力），使他有能力「品味」人生，感受內在精神世界的豐盈與生命的滋味，使他成為一個有別於動物的「人」，因而可以心滿意足的說：「作為人是『值得』的。」

「品味」的能力可以通過教育的過程而被啟發，一部分是因為它有其客觀的基礎，並非純屬人的幻覺或投射，更不是洗腦或意識形態的灌輸。

「品味」能力的開發就像一位品酒高手或名廚的培養過程，他們的味覺也許天生比常人稍微敏銳，但是更多的敏銳度與覺察能力是來自於個人長期的練習、比較、分辨、跟前輩討論，而逐漸被啟發、薰陶、培養出來的。世界麵包冠軍吳寶春開始向堂本麵包店主廚陳撫光學做麵包時，他所知道的飲食世界極其有限，因為沒吃過真正頂級的食材和料理，所以不知道什麼叫「好吃」。陳撫光出身醫生世家，他的「品味」能力來自於豐富的美食經驗，因此在開始傳授做麵包的技藝之前，他先帶吳寶春去吃遍各種美食，培養他對飲食的細膩分辨能力，然後才開始教吳寶春做麵包。

同樣的，一個人對音樂、繪畫、建築、文學的欣賞能力既非天生而能，也不是純屬主觀的「只要我喜歡，有什麼不可以」，而是像品嘗美食的能力一樣，需要被啟發、薰陶、培養。其他人文世界的各種「品味」能力也是靠著個人用心的體驗、培養過程，才會發展出愈來愈敏銳的高度自覺。

「理想」就像一張名廚腦海裡的頂級菜單，剛開始的時候幾乎是鮮少有揀擇的從前輩那裡傳承過來，等自己的覺察能力與「品味」的能力愈來愈強時，就會慢慢揀選出適合自己偏好與現實條件的菜色，到了廚藝真正成熟時才有能力創作出屬於自己的料理。剛開始時，「理想」只是人文教育的一種學習成果，後來是屬於自己的覺察、分辨與抉擇，最後則是靠著自己的能力而有的創作。

「理想」與「人文素養」截然不同於記憶、背誦或模仿，它是對於質感的敏銳辨察；因此，真正的人文教育是一種「品味」能力的開啟，而不是「風格」的教條或成見的灌輸。如果一位廚師被訓練成只會照食譜做菜而沒有自己的感受與「品味」，那是違背廚藝的教育目標。同樣的，如果人文與藝術的教育沒有去培養受教者敏銳的自我覺察能力，而只是在灌輸他們既定的「標準」，那種教育就不再具有啟發性，也失去了受教者的主體性。這樣培養出來的學生只有名詞意義上的「品味」，而不具有動詞意義的「品味」能力，這其實是扼殺人文與藝術的「反教育」。

很可惜的是，「動詞」狀態的「品味」在中文的世界逐漸失傳，整個學校教育、社會教育和家庭教育都不再啟發受教者的「品味」能力，也使得絕大多數人失去自覺的能力與敏銳的辨察，只會刻板的模仿、抄襲「成功者的典範」，或者頑固的墨守教條，終而成為一切虛偽、做作、刻板乃至於吃人禮教的源頭。

當人不再有分辨質感的能力時，人文的世界自然隕落，精神的世界與「人性」自然變成「看不見、摸不著、無法覺察」而不存在（non-existence）。現實與理想的分野消失了，人們不再追求更細膩、精緻、深刻、莊嚴、偉大的理想，而只追求每一個人都看得到的名、利與權位，生命也變得傖俗、濃烈而沒有深刻、持久的滋味。理想是跟著人文的精神一起隕落的，而根本問題則在於「品味」能力的消失。

人是動物，但不僅僅只是動物

是人，就不可能只有純粹的動物性；是人，就擺脫不掉他對自己的價值判斷以及對「更高的價值」的渴望。純粹的精神性是古典時代的妄想，而純粹的動物性與純粹的物質性則是當代的妄想！

有人硬是要用「食色性也」來強調「人的動物性欲望是絕對不可以被壓抑的」，而佛洛伊德（Sigmund Freud，一八五六—一九三九）的精神分析則經常被拿來為這種理論背書——人的欲望如果被壓迫，很可能會進入潛意識裡，發展成各種扭曲與倒錯；而長期的自欺欺人結果，將以各種精神症的形式悲劇性的收場。

柏拉圖與各古文明用靈魂的神聖性建構了一場自欺欺人的神話，當代的心理學則用欲望的神聖性建構了另一場自欺欺人的神話；差別在於，前者是一場「造神運動」，後者是一場「造獸運動」！

人類的吃是所有動物之中最複雜的。熟食可以讓食物容易被撕裂、咀嚼，算是一種功能性的發明，與所謂的「精神性需要」罕有瓜葛；料理可以增加食物的風味，但是已經只有懂得「品味」的人才有能力享受；至於像日本京都料亭那樣講究的飲食文化，則實屬罕見。日本京都最頂級的料亭都緊臨風景優雅的鴨川，由賣藝不賣身的藝妓陪伴，用高雅的音樂、文學與靈巧的政治、時事見解緩和宴會中男人間充滿銅臭、權力鬥爭的勾心鬥角。這一切的用心想要包裝的是什麼？最簡單的欲望──吃、名利、權位。黑猩猩解決這些問題的方法極其簡單而迅速，一場血腥的互毆就馬上見出高下！那麼，人把這一切搞得這麼複雜，為的是什麼？

狗可以毫不害羞的直接在大街上交尾，人類可以為了金錢在攝影機前做愛，但是很難想像日本的成人片可以直接在大街上公然錄製。如果說人類對性愛的私密性要求是文化教養的結果，那麼第一個發明這文化教養的人期望的是什麼？其他人為何要風從？如果這個制度的草創沒有普遍的人性基礎，它有可能被推廣到人類所有的文化體系嗎？人類有無數種原始文化，各自發明了許多種差異懸殊的婚姻制度，但你可曾聽聞過有那一個文化是鼓勵當街做愛的？

米蘭・昆德拉曾在他的一部作品中諷刺地描述一個男人，他自滿的炫耀一生做愛的紀錄，仔細估算一生做愛的總次數，以及每次做愛的持續時間，最後很得意的算出他這輩子性器官勃起的時間總共有多久。現實世界裡如果真有這樣的人，那一定是不世出的奇人！這樣的人早已不是憑著動物性本能在做愛，而是靠著一種意識形態在做愛——把做愛當宗教經驗般崇拜的那種意識形態！

無論你是否相信精神世界的存在，無論你是否相信「非物質性的真實」（**non-material reality**），只要是人，他的動物性背後必然藏著非動物性的企圖，他的物質性欲望背後必然隱藏著非物質性的渴望。

在「麵包與愛情何者比較重要」的辯論裡，很多人想要說服別人物質性的「麵包」是看得到、摸得著、不可或缺的，而精神性的「愛情」則是看不見、摸不著、純屬幻覺。懷著這種主張的人，往往急著要在三十歲以前賺到第一桶金，並且將在股市與期貨市場的殺進殺出當作不二法門。但是，什麼是股票？一個買進股票的人，他買的豈不是對未來的期待——那種飄在半空中、看不見、摸不著、可能純屬幻覺的抽象想望？一個財富多到十代也用不完的人，卻不退休，他在忙事業、忙理財，忙著賺進他這輩子永遠用不到的錢。他在為何而忙？驅策著他的是虛榮心、成為首富的想像，被所有熟人豔羨、嫉妒的想像——通通都是非物質性的，遠遠超乎動物本能的，抽象的野心！

人既是動物，又不僅僅只是動物。人必須發展出足夠的智慧，既能面對他的動物性需要，同時也有能力滿足他「不僅僅只是動物」的渴望，然後才有辦法同時安頓外在的現實與內在的理想，舒坦的成為「不僅僅只是動物」的「人」。

無憾的人生

有人滿腹狐疑的質問我：「人生憾事數都數不完，怎麼可能無憾！」的確，我們想要的很多，但是人生有限，得到的遠遠比不上失去的多，如何能夠無憾？

以有限的人生追求無盡的渴望，最重要的是要懂得取捨與先後的拿捏。

一個哲學教授站在講台上，悄無聲息的拿起一個很大的空玻璃罐，把講桌上的高爾夫球一顆一顆塞進罐子裡，塞滿之後，他問學生：「罐子塞滿了嗎？」學生回答：「是。」

他不作聲，繼續把講桌上的細鵝卵石一顆一顆塞進玻璃罐裡，並且不時搖晃玻璃罐，直到再也塞不進任何鵝卵石為止。他再一次問學生：「罐子塞滿了嗎？」學生仍舊回答：「是。」

他又悄無聲息的把講桌上的細沙一把一把塞進玻璃罐裡，直到再也塞不進任何細沙為止。然後他又問學生：「罐子塞滿了嗎？」學生信心滿滿齊聲回答：「是。」

他把桌上的三瓶啤酒打開來，倒進罐子裡。學生哄堂大笑。

然後這位教授終於打破沉默：「這個玻璃罐就像你們的人生，而高爾夫球就像是你們人生中最重大的事物。譬如你的健康、一份可以維持溫飽的收入、親情和友情，以及可以滿足你的熱情、理想與人生意義的事物。只要有了這些東西，即使其他一切都離你而去，你的人生還是滿滿的。細鵝卵石就像是你人生中其他次要的東西，譬如美食、華服、汽車、寬敞的住宅，有了它們可以增加人生的舒適，沒有也不致天崩地裂。而細沙則是其他可有可無的東西，這輩子用不著的積蓄、超大坪數的豪宅、名車與遊艇。

「假如你先把玻璃罐塞滿細沙，你將再也裝不下任何鵝卵石或高爾夫球。人生也一樣，如果你把一生全部耗在追逐可有可無的東西，你將再也沒有機會擁有任何更重要的東西。

「所以，人生最重要的事情並不是卯盡全力去追逐人人所欣羨的東西，而是先弄清楚什麼是你一生中最重要、最不可或缺的東西。」

聽起來很有道理，但什麼是人的一生中最重要、最不可或缺的東西？每個人的人生都不一樣，每個人都不知道自己的未來有什麼在等待著他。既然如此，又如何能夠知道未來有什麼好期待的？又從何知道什麼是最重要、最不可或缺的東西？

攀登生命的巔峰

歷史上有無數人曾經認真的活過，以各種不同的方式達到人類經驗的極致，體認過人生的各種意義和價值，憑著他們所記載下來的心得和感動，就可以大致上勾勒出人生有那些值得追求的價值，以及難得的感動和體驗，也可以大致分辨出人生取捨的要領。

中國的儒釋老或許過分言簡意賅而難以捉摸，康德也許讓許多人覺得太嚴肅而可畏，但是柏拉圖（Plato，西元前四二七—前三四七）的《對話錄》不見得都很難讀懂，而且西方近代有許多人以較可親的文學和藝術，呈現生命的各種感動與體驗，足以讓我們從中窺見人生廣大的視野與人類心靈的廣天闊地。譬如托爾斯泰、杜斯妥也夫斯基、華茲華斯、達文西、林布蘭、塞尚、巴哈（Johann S. Bach，一六八五—一七五〇）和貝多芬等。他們也用各自擅長的方式記錄下生命中最深刻的感動，以及他們所體驗過的各種人生價值和意義。這些精神遺產猶如人類五千年精神文明裡的百岳巔峰，只要攀登過其中一部分，就可以概略勾勒出人生有那些值得期待與追求的生命經驗，以及值得去成就的人生意義與價值。

柏拉圖的《對話錄．蘇格拉底答辯篇》裡記錄了蘇格拉底在雅典公民面前為自己答辯的內容，以及他在弟子面前訴說從容就義的原因，讓我們清楚看到蘇格拉底心目中人生最高的價值。柏拉圖在《理想國》對話錄裡清楚的告訴我們，他心目中人生的最高價值，讓我們獲得遠超乎感官世界的感動。托爾斯泰在他的小說裡分析各種愛情與婚姻的價值與盲點，以及他自己走過自殺的危機，探索過各種歐陸哲學、神學和社會改革思潮之後，重新發現人生各種價值的心路歷程。

杜斯妥也夫斯基在他的小說裡探索人的自卑、虛無、理性的傲慢、窮人之間純潔的愛，以及他從愛裡面重建人生信念的過程。而達文西和林布蘭則是通過畫中人物的神情，讓我們感受到他們一生因為信仰動搖而經歷過的各種懷疑與痛苦，並且在最後重新建立起對人性價值的信念，而在畫面上呈現出莊嚴、神聖、高貴的偉大情感。此外，巴哈的管風琴與威爾第（Giuseppe Verdi，一八一三—一九〇一）的「安魂曲」讓我們領略到難以言傳的神聖情感，貝多芬的交響樂「合唱」譜出文學與繪畫都難以企及的莊嚴與生命的深刻喜悅，而塞尚晚年的靜物畫和風景畫則洋溢著神聖而幸福的情感。

這些人以他們的一生為我們找到人生各種難得的感動，以及人生的各種價值與意義，其中絕大多數都是人人可以靠著努力去獲得的，不需要特殊的天分和稟賦。只要我們能窺見這些作品裡的感情，心靈就可以獲得遠遠超乎名利權位的滿足與感動，以及人生的崇高意義與價值。如果感動之餘還是信心篤定去追求人生的意義和價值，自然會覺得人生不虛此行，並且因為攀登過這些巔峰而感到盡興、知足。

以人生有限的時間，當然不可能一一體驗過去五千年來人類所有的巔峰經驗。但是，我們並不需要把一切可貴的生命經驗全部納進行囊，人生只要收穫「夠多」就可以無憾。

人一生所能得到的確實跟稟賦有關，但是不管一個人的稟賦如何，只要知道人生有那些值得追求的，並盡心盡力去追求，就該知足了。畢竟，人生的收穫不可能超過一個人的能力極限，就像英文說的："No one can do better than his best."

一場恢弘壯闊的探險

但是，一個人真的有機會橫跨不同的文學與藝術領域，去領略它們背後的情感與感動嗎？的確有可能，只不過很少人願意努力去嘗試。

要創作出偉大的文學與藝術，要有過人的天分，還要比常人更用心的生活，才能活出常人罕及的深刻體驗和感動。但是如果只是要去欣賞這些作品，分享作者的生命經驗，門檻就低很多，不需要特別的稟賦或才華。

我在清華大學擔任藝術中心主任期間，經常有人怯生生問我：「我常常看不懂畫，聽不懂音樂，這樣子欠缺藝術細胞的人也能學會欣賞藝術嗎？」看著他們既期待又畏怯的眼神，我總是回答：「試了才會知道。」我曾經花了好幾年的時間才學會欣賞中西繪畫，花了十幾年才學會欣賞古典音樂。但是，這些心血值得！我最感到安慰的是如果我現在必須離開人世，雖然捨不得家人，但一點都不遺憾。我已經在中西哲學、美術、音樂、小說裡體驗過許多偉大心靈最深刻而崇高的感動，以及各種生命的巔峰經驗，也做過許多我認為有意義的事。因為生命中很多精彩的經歷我都已經嘗過，所以隨時都可以坦然的說：「此生足矣，無復奢求！」

但是這樣的人生經驗是純屬我個人罕見的特例，還是有機會跟每一個人分享？為了用實際的案例求證，我受邀擔任藝術中心主任，為理工學院學生和中年的義工設計出各種導覽，看著他們走出對藝術的陌生與畏懼，進而逐漸發展出了解與愛好。在一場由古典音樂譜成的中秋晚會裡，清大操場上聚滿了將近一萬名來自校園與校外社區的聽眾，在秋月的光輝下度過了一個雅俗共賞的難忘夜晚。此外，我自己辦了一個讀書會，帶一群原本不曾接觸文學的園區工程師和家屬在每週五晚上聚會，閱讀托爾斯泰、杜斯妥也夫斯基、川端康成、昆德拉和卡繆，許多原本對人文一無所知的人逐漸開竅，而樂此不疲。

這些年的經驗讓我很篤定的確信，大部分人都有機會從人文的世界獲得現實世界所無法提供的感動，並且在自我成長的喜悅裡感受到作為人的價值。只可惜在成長過程中從來沒有人引領過他們，所以一直找不到路徑，而誤以為自己跟人文、理想或自我成長無緣。

不過，有些人還是會不怎麼篤定的探問我：「人一定要活得那麼辛苦嗎？假如一個人整天在家裡玩線上遊戲，每天都過得很快樂，他為什麼要覺得遺憾？」我可以換一個方式回答。

一個人只要把塑膠袋套在頭上缺氧幾秒鐘，就可以從此無憂無慮的過活，為什麼我們都不願意？人活著，忍受百般的煩惱，乃至身體的病痛與折磨，想要換得什麼？我們想要活出自己的人生意義與價值，我們想要體驗生命裡最極致的感動。

吸鴉片很快樂，職業賭徒也可能會覺得他的人生充滿亢奮和刺激，但是沒有一個父母願意看到自己的孩子耽溺在吸毒、賭博和電玩裡，因為這樣的生活是在浪費人生——它們無助於提升我們作為人的意義與價值。

我喜歡把人生當作一場恢弘壯闊的冒險，努力開拓自己的生命極限，探索新的人生經驗。梭羅在《湖濱散記》裡鼓勵我們與其去非洲探險，不如「到你內心世界去探險」，「你將發現內心世界裡還有一千處未曾被發現的地區」；「讓你成為考察自己內心江河與海洋的探險家吧」，「去勘探你自己的更高緯度！」、「當一個哥倫布，尋找你自己內心的新大陸和新世界，開闢海峽，不是為了做生意，而是為了思想的流通。每個人都是自己領域中的主人，沙皇的帝國和這個領域比起來，只不過是蕞爾小國，一個冰天雪地中的小疙瘩」。

如果說一個人的內心是一個小宇宙，歷史上所有偉大的心靈所構成的世界就是一個大宇宙。我喜歡在大宇宙裡探險，並且在偉大心靈的引導下，去探索自己內心的小宇宙。「站在巨人的肩膀上」既省力又不孤單，沒必要關起門來孤單的閉門造車。畢竟，大宇宙和小宇宙是相通的，你對歷史了解愈多，對自己的內心世界也就了解愈多。

可惜，有些人喜歡挑一個安全的行業，躲在一個固定的習慣和窠臼裡，畏畏縮縮的度過一生。

更多人從來不去想活著為的是什麼，也不曾花心思去探問人生有什麼值得追求的。他們在年輕時急著賺第一桶金，把最美好的歲月用來「以命搏錢」；等到病魔纏身的時候，才突然懷疑自己或許錯過了人生最美好的可能性，因而急切的想要延長生命，期待著在生命的最後一頁看到人生最寶貴的一面。可惜的是，他們在癌症病房裡用畢生的積蓄換時間，換來的卻只有無歡可言的痛苦。

別把癌症病房當人生的起點

癌症的治療過程相當痛苦，而且所用藥物都很毒，不僅傷身還會有各種副作用，上了年紀的人根本受不了。如果上了年紀又是癌症末期，整個治療過程很像是一場勝算很小的豪賭，治療與否平均壽命只差九個月，但是活得愈久身體受到藥物的傷害愈嚴重，即使號稱「治癒」了，餘年也多半只能算是「殘生」。

近年醫學界興起「緩和醫療」的理念，對傳統的醫療理念進行了深刻的反省。過去的醫療不顧一切只想要延長病人的壽命，但是愈來愈多醫師開始省思該如何對待無法治癒的病人。一位醫生告訴我一個真實的案例，最是啟人深省。

他曾經照護一位年近九十的癌末病人，病患最後一次出院時他提醒家屬：「你們要認真想想，當你爸爸不能吃的時候，要不要用鼻胃管灌食？」兒子冷靜的說：「不要。」女兒卻當下就紅了眼眶，她沒辦法接受這樣的說法。醫師看著她，說了一段語重心長的話：「我陪伴無數病人走過人生的最後一段路，這些經驗告訴我病人要走的時候，他的身體會選擇最容易走的途徑，用最少痛苦的方式離開。如果你捨不得，把他最好走的路給擋住了，他就只剩下比較難走的路；如果連難走的路你都還要一一擋住，留給他的將是最痛苦、最漫長的路。」女兒嚇呆了，連眼淚都停了，說不出一句話。

許多癌末病人是被病情折磨到生不如死才想走，但是子女卻還想不清楚該如何面對父母的生死，因而傾盡積蓄也不肯放他們走！盲目的延長病人的痛苦，這是多麼荒謬的「孝心」？

有一位肺積水非常嚴重的癌末老人，經常得要坐起來才能呼吸，坐起身時卻因為癌細胞已經侵襲骨頭而痛苦不堪。這老人需要的其實是好走，但是他的家人卻還是為了「盡孝」而不肯讓他走。有一天，四個兄弟姐妹從南部上來，圍在病床前討論分攤高昂的醫藥費，到後來通通都生氣了。大家經濟上都不好過，有人把唯一的房地產拿去抵押，有的人早已告貸無門，最後演變成指責、謾罵、不歡而散，而這位痛苦不堪的爸爸已經沒有力氣告訴大家他只想早點走。

不將家裡最後一分錢花完，或是不讓病人走過所有的折騰就不算孝順，中國人怎麼會有這麼荒謬的念頭？人能不死嗎？人都會死。為什麼不能死得其時，省掉最痛苦而無歡可言的那一段路？

說到頭來，就只因為不知道人活著有什麼值得追求的，因而也不明白什麼時候該放下一切好好走。

結語

人生若要無憾，趁年輕時去追求理想，體驗生命中各種難得的巔峰經驗，努力活出人生的意義和價值；等到年老力衰而沒有心力追求理想時，但求以最少痛苦的方式好好的走。不該倒過來，把最好的人生全部耗費在無法滿足熱情、理想與意義感的現實裡，等到癌末才開始想要積極的活。

所以，五十歲以前，認真想清楚自己這輩子真正重要的是什麼，並且努力去追求；七十歲以後，該走的時候但求好走，別拖在那裡讓自己和家人承受無謂的折磨。

中國大陸有個叫馬橋的偏遠小鎮，在那裡，年輕人叫做「貴生」，過了五十歲的人叫做「賤生」。年輕時活得健康、有熱情、有活力、有憧憬，生命是可貴的，所以叫「貴生」；上了五十歲，齒危髮禿，吃不得、動不得、渾身是病，死拖活賴的活著，其實也不是什麼特別值得高興的事，所以叫「賤生」。

「貴生」時要積極的去活出自己的人生價值和意義，別等到了「賤生」才開始問自己這一生要的是什麼。

走出當代的虛無

過去兩、三千年來，東西文明為我們展現了許多激勵人心的生命典範，也讓我們看到許多種人的價值與意義，包括了自我犧牲與助人的美德、道德勇氣的堅持、欲望的調節，以及人在苦難中所呈現出來的堅忍與尊嚴。但是這些傳唱千年的特質，在二十世紀之後卻遭遇到各種虛無精神的質疑，甚至在二十一世紀被普遍的漠視、譏諷或鄙夷，使得我們無所適從，不知道除了權位名利之外人生還有什麼值得追求。

在滿懷熱情的青年時期，我們很容易被甘地與史懷哲等偉大的人道精神所感動，而視權位與名利猶如糞土。但是年紀漸長之後，我們愈來愈清楚的看到自己的軟弱，以及自己能力的有限性，因而不再相信自己有能力實踐這些價值與意義，而身邊也沒有任何人做得到，因而開始淡忘這些人物在我們身上所激起的熱情，甚至在身邊所有人的冷潮熱諷下，愈來愈難相信那些人類偉大表現的可能性。

我們能夠相信人的價值與意義，往往是先被實踐這些價值與意義的人所感動，而不是靠理論的分析與論證。因此，想要走出虛無而重新相信人的某些意義和價值，理論的分析不如去讀前人成功走出虛無的心路歷程。

十九世紀以來，杜斯妥也夫斯基和托爾斯泰開始在小說裡探索人生的意義與價值、感性與理性的衝突，也在小說裡分析人的信仰、欲望和人性的各種衝突。他們用一生的作品展現出他們在信仰與懷疑之間的關鍵性質疑與論證，以及重建信仰的複雜心路歷程。從此以後，小說這種創作工具吸引了許多才華洋溢又認真誠懇追求生命意義的人，他們用小說作為自我探索與自我剖析的工具，在小說中探索當代的虛無精神和走出虛無的可能性，也使小說成為歐洲文化中有關人性分析與人生意義探索的主要文獻。

而卡繆和昆德拉等存在主義的小說則都兼融文學性、哲學性與人性的分析，並且深入剖析當代的虛無精神，以致「存在主義」這個名詞跟小說的關係遠大於歐陸與英美哲學傳統。

這些小說有機會讓我們看見人性最高與最低的極限，讓我們看見成熟生命的丰采與價值，也讓我們看見走出虛無與邁向生命巔峰的可能路徑與階段性歷程。這些小說讓我們對人生有更確實而可行的期待，使我們在年輕的困頓與挫折中得到指引，而更有信心、更堅定的走向自我突破與自我成長的道路。

另一方面，努力去改變這個世界，「讓世界變得更美好」，這絕對是有意義而值得做的事。

就像托爾斯泰在《自傳》中所揭示的：

「生命是否有意義」並非抽象的理論性問題，而是具體的實踐問題——如果你一直在做有意義的事，那麼你的生命就有意義；如果你一直在過罪惡且無意義的生活，你的生命就沒有意義。

如果不要好高騖遠，以善小而不為，那麼我們隨時都有機會用自己的行動去「讓世界變得更美好」，並因而開創自己的人生價值與意義。

人性最陰暗與最光明的角落

杜斯妥也夫斯基只比托爾斯泰大七歲，但卻經歷了具有對比性的一生，連作品風格都是劇烈的對比。杜斯妥也夫斯基一生脫離不了貧病與賭債的糾纏，而小說中的人物性格往往極端到令人難以置信，甚至處於瘋狂的邊緣，卻又在誕妄不經中透顯著隱藏在每個人心靈角落裡最陰暗、扭曲與最光明、聖潔的人性事實，如同放大鏡般把我們自己平日無法覺察的自卑、自戀、自甘受虐的情結，以及悲憫、同情弱者、渴望著信仰與犧牲的情懷，乃至於對一切道德、價值與人性的徹底懷疑，都清清楚楚攤在白紙黑字上，讓我們無可迴避的看見自己人性裡最陰暗與最光明的一切線索。

《窮人》（*Poor Folk*）這部杜斯妥也夫斯基二十五歲時的作品，描寫窮苦老頭和善良少女之間純潔而高尚的相互關愛與犧牲，讓我們為社會底層人物的悲慘命運抱屈，卻又被他們近乎聖潔的感情和靈魂所感動，而那種愛又如此貼進每個人行動能力所及的範圍，點燃了讀者心裡純潔的愛與行動的意願。據說出版商看完後極為激動，抱著原稿直奔別林斯基（Vissarion Belinsky，一八一一—一八四八）家，而別林斯基看過後則流淚擁抱杜斯妥也夫斯基，稱他為「俄羅斯文學的天才」。這部小說塑造了他後來著作中宗教情感的原型。

但是寫於四十三歲的《地下室手記》（*Notes from Underground*）卻為我們呈現了人性的另一種極端：自卑的、屈辱的、充滿自衛的敵意，而又對人帶著惡意的想像，只為無法忍受一個人的孤單，而諂媚無恥的討好他看不起的人——充滿極端、對立、矛盾又兼含所有矛盾的可能性，最無法被理性的理解，卻又最貼近人性事實的一個虛構人物。通過這個人物，我們可以看見自己內心所隱藏的各種陰暗的人性質素，也預見杜斯妥也夫斯基後來作品中虛無、懷疑與悖德的各種可能性。

杜斯妥也夫斯基一生的作品，就是極端細膩而又戲劇化的在展開這兩種人性事實的對立、衝突、糾結，以及逐步走出這些矛盾的可能性。《罪與罰》（*Crime and punishment*）發表於四十五歲，是這個偉大的人性鬥爭的第一本鉅作。小說主角是一個窮苦而傑出的大學生，極端敏銳卻近乎病態的覺察著所有人心裡不堪告人的卑劣念頭，因而既痛恨又鄙視人性的卑劣，又在理性思辨的推波助瀾下論證出「殺死這樣一隻蟲豸」不僅沒有不對，還是對世界有益的高尚行為。於是他挑了一個十惡不赦的放高利貸老婦，殺了她。後來卻被一位為家人而犧牲自己的妓女感動，公開悔罪，自願到西伯利亞流放，最後在妓女虔誠的宗教信仰與情感下化解了自己內在的衝突。

理性思辨與宗教信仰的衝突，是杜斯妥也夫斯基所有作品裡第二個關鍵的發展線索。善與惡、理性與情感或非理性的力量、罪與悔改或宗教信仰的可能性，這些影響人一生抉擇與行動的關鍵力量，在真實的人生裡總是以相互矛盾的方式癱瘓我們的行動力量，或者以極端的方式驅策我們做出不智的行動，或者閹割掉我們的感情而使我們活得有如行屍走肉。這些問題在《卡拉馬佐夫兄弟們》（*The Brothers Karamazov*）這一部宏偉的鉅著裡掀起滔天巨浪，以最戲劇化、最深刻、細膩而發隱探微的方式展開最清晰、徹底的鬥爭和論證，讓我們同時看到虛無、背德與寬恕、信仰的理由，也讓我們同時看見人性的卑劣與偉大。雖然杜斯妥也夫斯基生前未能完成這一部偉大的人性冒險史詩，但是已經完成的部分，就足以讓我們對人性與人生有極為深刻而寬廣的認識與省思。

如果可以發願細細讀完托爾斯泰和杜斯妥也夫斯基所有的代表作，可以讓我們對人性中的高貴、軟弱與無奈有極為細膩而深刻的體認，從而學會恰當的善待人的各種好壞——不因人一時的軟弱而永遠放棄對他的期待，也不因為人一時的高貴表現而對他懷著不可能的幻想。在這些對於人性事實的認識基礎上，我們將會更有能力確實看到人生值得被珍惜與追求的價值，以及懂得如何傾聽、諒解人的軟弱與過錯。擁有這些能力，才有辦法把自己內心的愛轉化成使這世界變得更好的行動。

走出荒謬與虛無

卡繆創造了「荒謬感」這個詞，同時也在《薛西弗斯的神話》（*The Myth of Sisyphus*）裡創造了對抗荒謬感的英雄。竟其一生，卡繆都在與荒謬感對抗，而他一系列的作品就記載了他走出虛無的過程。

不過，當代的虛無感老早就已經潛藏在西方文化古老的源頭裡。

從古希臘開始，歐洲人就有追根究柢的精神，當他們問起人生有什麼意義或價值時，也會單刀直入的問，這些理想或人生意義是否真的讓這世界變得更好。這質問的過程一再暴露前人的理想或者在現實上不可行，或者有重大的流弊，甚至一廂情願。而他們又懷著對事實的堅持以及絕不自欺欺人的傳統，因而一再放棄悖逆事實的誇大理想，重新尋找新的可能；也因此西方文化一再歷經理想的幻滅與再生，也一再展現西方人追求理想的毅力與堅持。

柏拉圖認為眼睛看不見的觀念世界遠比物質的世界更美好而真實，而且唯有徹底脫離肉體的羈絆，靈魂才可以自由進入這個觀念的世界。這套觀念輾轉被引入中世紀神學，而與希伯來人的宗教信仰結合，強調肉體的墮落與罪惡，渴望千禧年時的靈魂救贖。但是第一個千禧年過去了，彌賽亞沒有回來，死者沒有從墳墓中起來接受審判，也沒有任何人的靈魂被救贖。從基督教藝術史與文獻史都可以看到，中世紀的信仰在十二世紀開始崩壞，甚至連教廷都徹底腐化。

啟蒙運動用「科學」和「理性」當作歐陸的新理想，卻同時壓迫了隱藏在信仰形式背後的人文情感，因而引起狂飆運動與浪漫主義的反彈。於是，人類理性的終極表現與人類高貴的熱情變成新的理想——人類理性與感性的終極表現取代了中世紀的神，人成為他自己崇拜的對象。

但是，工業革命帶來資本家對勞工無情的踐踏與剝削，讓人看見科技背後冷血的殘暴力量；兩次世界大戰以「為國犧牲」的高貴情感為號召，進行的卻是慘絕人寰的殺戮。經歷這些變故的人，只要願意誠實的面對事實，就會不知道人活著還有什麼是可以相信的。

「荒謬感」是坦然承認這個世界的沒有道理、沒有意義、沒有出路。

自願去死亡就意味著你已經辨認出來生活習慣的荒誕性格，即便只是憑本能而覺察到，沒有任何值得活下去的深刻理由，每天煩亂的那種瘋狂性格，以及全然無用的受苦。……只要這個世上的事還能夠解釋得通，這就還算是一個我們感到熟悉的世界——即便用來解釋的理由很糟。但是，一旦這個世界的假象和燈光一起被剝除後，我們就變成了異鄉人、陌生客了。他那被放逐的感覺是無藥可救的，因為他已經失去了故鄉的記憶，也不再能懷著「許諾之地」的希望。這種生命與人的離異，演員與舞台的割離，正是荒謬感。

但是卡繆提出「荒謬感」的動力是要跟它對抗，而不是屈服：「我要繼續奮力對抗這個連兒童都要受苦和死亡的世界。」

即使是在虛無主義的界限內，仍舊有可能找到超越虛無主義的方法。從此以後，在我所有的著作中我都追求這個方向。雖然《薛西弗斯的神話》提出的是道德的問題，對我而言它總結為一個清晰的邀請，邀請我們去生存和創造——即便是處身於一片荒漠之中。

這種不屈服是雙向的，既不向自己隱瞞這個世界的「荒謬感」，也不願意逃到自欺欺人的宗教信仰裡。

沒有比齊克果的觀點更深刻的了。根據他的觀點，絕望不是事實，而是一種狀態，是罪惡的狀態——因為罪惡就是和上帝隔離。……這種聲音不會阻止荒謬的人。尋求真實並非尋求可欲的。如果，為了規避那焦慮的問題「生命是什麼樣子」，人必須像驢子一樣倚賴幻覺的花朵為生，那麼荒謬的心靈不但不自我隱藏到謊言中，反而要毫不畏懼的接受齊克果的答案：「絕望」。

我不是一個創造人類不幸的人，也不曾發明詆毀神明的可怕方法。我相信，人能用他自己的方法來解救自己。我並不認為在人類墮落的深淵中，唯一的希望是靠上帝的恩賜。

不過，一個文學家要對人性與人生有較深刻而成熟的掌握，起碼要到五十歲以後；而且要從徹底的懷疑中重新建立人生的信念，也往往需要到四、五十歲以後。因此，卡繆二十九歲時寫的《異鄉人》（*L'Etranger*）裡對真實人生中的「荒謬感」有很尖銳而令人深省的刻劃，但是要到三十四歲時的《瘟疫》（*Le peste*）才開始用積極的行動在荒謬、絕望的世界裡創造意義；到了四十三歲的《墮落》（*La Chute*）才終於突破荒謬感中的孤立與虛無，跟「陌生人」的生命緊緊地聯繫在一起，而讓我們看見一個對人道主義精神篤信不移的卡繆。可惜卡繆在四十七歲就過世，使我們沒有機會看見他更深刻而成熟的生命風采。

儘管如此，卡繆承載著歐洲大陸在兩次世界大戰之後，對人性與人生的徹底懷疑與絕望，並且既不逃避也不屈服的尋找著脫離荒謬與虛無的道路，也終於在死前找到自己可以確信的立足點。這一段心路歷程，對於處在二十一世紀的我們，有著無可取代的提攜力量。

用行動的力量突破虛無

德蕾莎修女說：「愛，就是在別人的需要裡看見自己的責任。」因為耶穌曾經在〈馬太福音〉第二十五章裡教導基督徒要照顧人間最貧弱的人。對於佛教徒而言，解人苦厄就是一種積德的布施——無論是用有形的財物解除旁人生理上的痛苦，或者用無形的佛法解除人精神上的痛苦。

對於我這個既非基督徒又非佛教徒的人而言，看見別人的需要，而有能力和具體的行動去緩解他們的痛苦，這就彰顯了我作為人的意義和價值——這些意義和價值不只來自於我們的「有能力」，更來自於「意願和具體行動」，因為它們才真正彰顯了我們的「人品」。

人生有沒有意義其實是看我們怎麼做，而不是看我們怎麼想。幫助別人當然是有意義的事，如果我們可以「在別人的需要裡看見自己的意義」，那麼人生中永遠有無盡的意義可以被實現，而每個人也都可以在實現這些意義的過程中度過充實而滿足的人生。

一位老年喪偶的朋友痛苦的告訴我：「我活著，再也沒有任何意義了。」我回答他：「那麼你把沒有意義的餘生捐出來給我，我找一些有意義的事給你做。」他退休前是一家公司的高階經理，假如願意用這份經營的才幹，去協助都市原住民集體創辦事業、培養他們的經營能力，將可以減少都市原住民多少的悲劇？他英語會話能力很強，到教會開英語班教導附近弱勢家庭的孩子，可以緩解自己的寂寞與悲涼，也可以從這些孩子和他們的家長得到愛的回饋。很多努力想要脫貧的家庭在小本生意裡載浮載沉，只因為不懂成本會計與營運策略，如果他願意去加以指導，會帶給他們家庭多大的改變？他有能力做很多有意義的事，也有機會讓他的人生充滿意義，關鍵在於他肯不肯去做。

絕大部分找不到「人生意義」的人，其實都有能力幫助身邊的人，並且靠著協助別人來體現自己最起碼的人生意義和價值。

但是我們的思考裡始終隱藏著一個虛無的鬼魅，即使最精明的哲學家也常不自覺的被牠蠱惑，而否定人生的所有意義。我們經常會用個人能力的有限性去跟這個世界的龐大作對比，來突顯出我們一切的努力都無足輕重，撼動不了這龐大世界的一根汗毛。

當代哲學家內格爾（Thomas Nagel，一九三七—）用虛無主義的口吻指出：「就算你可以寫出一部傳頌千年的偉大著作，最後太陽還是會冷卻，或者整個宇宙將會毀滅，而你一切的努力所留下的軌跡都將湮滅。」他主要的論證技巧是：我們的存在只在有限的時間與空間內對某些人而言是有意義的（matters），但是只要把時間與空間的尺度拉大，一切人的存在都將變得無足輕重，連帶所有生命也都顯得無足輕重，沒有意義。一個人或許對一個家族而言是有意義，但是就一個國家而言他是無足輕重的；一個人或許對數千年來所有人類都有重大影響，但是放到宇宙裡面，考慮到十萬年或百萬年後的世界，再偉大的人也將顯得無足輕重。

以宇宙的無限對比於人的有限，進而推斷出人的無足輕重與生命的無意義，這是虛無主義最常用的論述策略。但是，我們真的改變不了這個世界嗎？不見得！

美國黑人人權運動領袖金恩博士（Dr. Martin Luther King，一九二九—一九六八）在一九六三年帶領二十五萬民眾走向華盛頓，並發表了感動全世界的著名演說「我有一個夢」（I Have a Dream），迫使美國國會在一九六四年通過《民權法案》，宣布種族隔離和人種歧視為非法政策。也許金恩博士死的時候，他大部分的夢想都還無法實現，也許他絕大部分的夢想都永遠不會在這個世界上實現；但是你也可以這樣想：如果沒有金恩博士和支持者的努力，歐巴馬今天不可能當選美國總統，美國黑人今天的處境將會跟五十年前一樣惡劣。

一個人的力量也許不足以改變這個世界，一群人的力量卻可以；假如你沒辦法靠自己一個人的力量來改變這世界，你可以加入各種關心社會改革的組織，用一群人的集體力量來改變這世界；假如這世界上有太多事情是靠著一個團體也無法改變的，你們還是可以試著先從自己力量可及的地方下手，盡自己最大的心力，或多或少的去改變這個世界。

創立於一九六五年的日本「生活俱樂部」，從總訂購量為三百二十九瓶鮮乳的「世田谷生活俱樂部」開始，想要聯合家庭主婦的力量去抵制不合理的廠商利潤，以及對環境與下一代不利的生產與消費模式；懷著「從廚房改變世界」的夢想，他們在二〇〇七年，有兩千兩百萬社員，占全日本人口總數的十七．三％。大部分的日本都還沒有被改變，但是他們改變了自己和家人的生活，讓家人活得更健康，也讓自己的生命突破家庭主婦的局限而活得更有意義。

內格爾和羅素的虛無主義論調立基點太浮誇，因此離我們的真實人生太遙遠。我們不曾想要永遠改變整個宇宙，也不需要改變整個台灣，我們只需要改變一部分身邊的人，讓他們因為我們的努力而活得更好，這就足以肯定我們活著的價值與意義。

從罪人到聖徒的托爾斯泰

托爾斯泰的一生充滿著熱情、懷疑與自我搏鬥的艱苦歷程。他從一個對人生感到惶惑的孤兒，成長為虛無、縱欲而無法自拔的敗德者，最後成為一個信仰堅定、禁欲的耶穌信徒。一路上他從不曾自欺，不曾稍微鬆懈過嚴苛的自我檢視與鞭策，也不曾放棄過追求最真實而有價值的生活與生命。在這個充滿困惑、墮落與自責的過程中，他以一系列的小說引導我們去管窺他血淚斑斑的搏鬥過程與內心世界，從而為讀者打開遼闊的人性空間與想像，並提供讀者最接近真實的「人性發展史」。

我相信，每一個懷著熱情、困惑與懷疑而認真活著的年輕人，都可以從他的小說受惠。我自己在生命的信念最脆弱的那將近十年的歲月裡，就是仰仗著托爾斯泰無欺的生命紀錄走過來，並且在後來印證了他的指引的確信實可靠。

俄國著名的文學批評家史塔科夫（N. N. Strakhov，一八二八—一八九六）這麼說：

人類生命的完整圖像，俄羅斯當時（一八一二年）的完整圖像。一幅可以被看成人類歷史與奮鬥的完整圖像。人類一切事物的完整圖像，人們可以在其中看到他們的幸福與偉大、他們的哀傷與恥辱。這就是《戰爭與和平》。

一本得過英國年度最佳傳記獎的書這樣說他：

他所以能永垂於世人深刻的記憶中，一個重要的因素就是他對於存在本身具有超乎常人的自覺。……我們都知道有個東西叫「人生」，我們都知道自己活著，也都知道有一個充滿各種聲音和景象的世界。但是，當我們第一次讀托爾斯泰的時候，卻會覺得我們以前好像都是通過布滿灰塵的窗戶在看這世界。

托爾斯泰的小說是介於他的自傳與他的想像之間的世界，但是，對許多人而言，唯有通過這個世界，他們才有能力看到人性世界的遼闊、曲折，與人生的深刻意蘊。

描寫人生（life）與人性（human nature 或 humanity）的小說很多，《紅樓夢》也常被看成是在描寫各種的人性與人生的場景，所有的寫實主義小說也都或多或少描寫人性與人生的景況。

但是，大部分的小說都只是如其所是的討論常民（或作者身周人物）的人性與人生的景況。托爾斯泰跟他們有所別的是，他除了如其所是的討論他身周人物（貴族）的人性與人生的景況，更進一步追問這樣的人生值得嗎？怎樣才是最值得過的人生（most worthful life）？什麼是人生中最值得被珍惜而不容被錯過的？

跟許多哲學學究不同的是，當托爾斯泰在小說中追究人生的意義時，他不是要表現自己的機智，而是在尋找真實的生命實踐。因此，他在探索的不僅僅只是一種理論上的可能性，而是一種人性與實踐上具體的可能性。他的書，就是他的生命實踐。

托爾斯泰晚年成為一個極端狂熱且堅定的宗教信徒，並且企圖堅守極為嚴格的宗教性生活，在最低的物質需求中追求最高的靈性生活。但是，他並非從一開始就這樣，而是通過極端嚴格的質疑與探問，以及一再的失敗與嘗試，而逐漸走向這樣的人生堅持。

托爾斯泰晚年把他的一生分成四個主要的人生階段：十四歲以前、十四歲到結婚（一八六二年，三十四歲）、婚後到著手寫《懺悔錄》（*Confession*）並研究福音書（一八八〇年），以及重新在信仰中找到新的生命（一八八〇年以後）。這四個階段大致上對應著純真的童年、敗德而浪蕩的青春期與青年期、在俗世價值與其他可能性中探索更高可能性的中年期，以及走向虛無再走向宗教的壯年期與晚年。

天真的童年

根據托爾斯泰晚年的追憶，他在十四歲以前的生活是天真、快樂而充滿詩意的。托爾斯泰兩歲喪母，九歲喪父，父親生前很少在家。他跟祖母還算親，但是祖母也在他十歲時過世。他和三個哥哥、一個妹妹一起被兩位虔信東正教的姑媽帶大。

不過，真正讓所有孩子感到親近有如母親的，是照顧他們長達十二年的遠房姑媽譚雅娜・耶果史卡雅（Tatyana Yergolskaya）。直到一八七四年譚雅娜姑媽過世，托爾斯泰跟她的感情一直都很親近。在托爾斯泰的記憶裡，她善良、反對一切的體罰，對所有人都仁慈，有著高尚德行，受到所有孩子的愛戴。她不曾傷過任何人，不曾譴責過任何一個虧待她的親戚。當托爾斯泰和二哥沉迷於賭博與情色中時，她為他們感到痛苦，但不曾責備過他們。「她從來不用言詞教導我們該如何活，她從來不對我們進行道德教訓。她的道德過程都是內在的，而顯露於外的都只有行為。不！不是行為！既非言教，也非身教，而是她那平和、謙卑、柔順而充滿愛的一生。不是那種激盪人心而又自戀的熱情，而是安靜、毫不招搖的愛。」

十三歲時，擁有監護權的親姑媽亞力山德拉（Alexandra）過世，五個孩子被迫離開出生地亞斯那亞波利亞納（Yasnaya Polyana），也跟譚雅娜姑媽別離，到卡山（Kasan）去接受最後一個親姑媽尤斯科卡（Yushkoca）伯爵夫人的庇護。

惶惑的青春期

卡山的姑媽家是一個充滿俗世享樂的地方，晚宴、化妝舞會、牌局、近乎全裸的活人雕像（tableaux-vivants）。從一八四一年至一八四七年，青春期的托爾斯泰就在卡山這種充滿誘惑的環境下長大。這段期間，兄弟的發展各異其趣。一向最受兄弟敬愛的大哥尼可萊（Nikolay）已經上大學、從軍去；二哥謝爾蓋（Sergey）極度享受俗世的歡樂與肉體的淫逸，三哥德米特里（Dmitry）則嚴肅、深思、虔信而不關心任何俗世的事物，但是卻被所有的兄弟稱為「神聖的白痴」。

在這環境的誘惑下，托爾斯泰從十四歲開始度過二十年的荒唐歲月，耽溺於賭博、嫖妓與各種女色，好勝、追逐虛榮，以他的爵位鄙視、壓迫其他階級的人。這段歲月，在晚年時一再折磨托爾斯泰，讓他感到「我一度想要著手去寫出關於我自己的全盤事實，絲毫不遮掩我人生中任何的壞處，但是一想到這樣一部自傳所能給人的印象，連我自己都感到恐怖」。

家族的影響帶給他對於宗教與俗世享樂同等的極端熱情，但他所接受的宗教信仰卻無法為青春期的他解惑。「教會替我決定了一切，而不容許我有絲毫的懷疑，這徒增我的困惑。因此，我一旦無法接受信仰中任何一個教條，就被迫必須否定其他一切的教義。因為我無法接受任何荒謬的決定，他們就把其他一切不荒謬的信仰也一起給拔除」。托爾斯泰從小在東正教的洗禮下長大，但是在十八歲讀完大學二年級的課程後，便不再相信他從宗教中所受教的任何事物。「我喪失信仰，這在受我們這樣教育的人們，是很平常的事」；「從十六歲起，我便憑我的意志而停止祈禱、進教堂或齋戒。……我不否認上帝，但我說不出那是怎樣的上帝。我也不否認基督和他的教義，但是卻說不出他的教義是什麼」。

盧梭的信徒

離棄了東正教信仰，托爾斯泰在盧梭（Jean-Jacques Rousseau，一七一二—一七七八）的自然宗教（natural religion）中找到他的信仰。他很可能在青春期就讀過《愛彌兒》（*Émile*），曾經崇拜盧梭到想把他的畫像當作聖像一樣掛在頸項上。

托爾斯泰一生的發展也很像是俄羅斯版的薩伏伊牧師（Savoyard Priest），相信神不是人的理智可以理解的，也不是俗世宗教所傳揚的，唯有通過情感的內在直觀才能認識祂。良知（conscience）是人跟上帝的橋梁，唯有通過內省與自覺，人才能聽到他自己內在的聲音，引導他遠離肉體的誘惑與情欲的困擾，而在一種自足的狀態下得到幸福，以及達到自我完善（self-perfection）。《懺悔錄》裡這麼說：「我現在明白我那時的信仰，唯一真正的信仰便是信仰『自我完善』，但所謂『完善』是什麼，其目的是什麼，我又說不出來。」後來，他力求心智的「自我完善」，而致力於研究各種學問；他力求意志的「自我完成」，而定出規律，勉力恪守；並且鍛鍊體力與意志力，以求德行上的完美。這些都帶有濃厚的盧梭色彩，而托爾斯泰晚年的儉樸生活、平等博愛的思想與反智主義，則有如俄羅斯版的「高貴的野蠻人」。

不可自拔的酒色與賭博

但是，年輕的托爾斯泰有求好的心，卻完全沒有自制能力。雖然他晚年對性與性的欲望極端嫌惡，他年輕時對性生活與賭博的沉迷程度，連他在克里米亞戰爭時的部隊同袍都感到震驚。根據他的《懺悔錄》，從離開學校到婚前的這一段時間，托爾斯泰跟其他年輕貴族一樣賭博、酗酒、決鬥、生活放蕩，引誘婦人，並且為虛榮心與驕傲而寫作。

托爾斯泰婚前對女色的渴求簡直像是強迫症，無可自拔的耽溺。托爾斯泰說他是在十四歲時被二哥帶去嫖妓而失去童貞，但是研究者無法對此予以證實。不過，他在大學的那三年可能跟為數可觀的妓女、餐廳的侍女、吉普賽女郎，以及農婦有過性經驗。他在大學期間染上淋病，卻也因孤單在醫院治療，開始了他一生寫日記的習慣。

一八四七年，離開性病醫院後不久，他在日記中寫道：「如果我找不到人生的目的，一個有用且具有普遍性的目的，我將會是天底下最不幸的人。它是有用的，因為當我不朽的靈魂完全成熟時，將會自然進入一個更高層次而適合的存在。因此，我的一生將無歇止地為這個目的而奮鬥。」於是，他一再為自己訂下各種規矩，卻又毫無貫徹能力的一再違規，他也一再自責，但是對賭博與性的耽溺卻完全無可自拔。

一八四七年，他繼承了在亞斯那亞波利亞納的祖產，並退學回到這塊土地。這塊家族產業上有數千畝面積和三百多個農奴（以及他們的家人），一年的收入約一千盧布。

在這塊祖產上，他先跟一個名為杜尼亞莎（Dunyasha）的女僕戀愛，後來又跟姑媽的女僕嘉夏（Gasha）生下一個孩子。在很長的時間內，托爾斯泰對性和女人的態度都很矛盾而強烈，一方面忍抑不住對女人和性的渴望，另一方面日記中又充滿了對女人的敵視與自責。因為受不了鄉間的沉悶無聊，一八四七年冬天，他在莫斯科租了房子。除了耽溺於女色之外，他多了兩個不可自拔的嗜好：酗酒和豪賭，像瘋了一樣無法自制的豪賭。

年輕的托爾斯泰只有籠統的嚮往，而沒有真正的人生方向與自制的能力。

我經常聽到別人這樣說我：「空洞的人，他活著毫無目標。」我也經常這樣說自己，不是為了重複別人說的話，而是打從靈魂裡感受到這樣活著很糟，人的確是需要生活的目標。但是，一個人要怎樣才能成為有行動力，有目標？人無法「給」自己一個目標。我試過無數次了，都無效。一個人所需要的不是去無中生有，而是去發現那早已存在而等待被發現的人生目標。

一八五一夏天，在從軍的路上，他帶一個哥薩克女孩到住處，「幾乎徹夜未眠，我的精神徹底墮落了」。次日，「整日無所事事，整夜在村落裡遊蕩，看女孩子」。接著，他年輕時未能治癒的淋病復發。十二月，當性病被治癒時，汞治療的後遺症讓他非常痛苦。在一八五一年的日記裡，他記下了三個侵蝕他靈魂的魔鬼：「一、賭博欲有可能可以戰勝；二、情欲極難克服；三、虛榮心是一切之中最可怕的。」證諸他後來的發展，這個自我觀察算是極有先見之明。

一八五二年，他的處女作《童年》初試啼聲便獲得西化派文藝重鎮《當代》（*Contemporary*）雜誌編輯的激賞，這鼓舞了他寫作的意願和信心，但是並沒有解決他的虛無。一八五四年十一月的日記裡，他痛苦的自問：「我要到何時才能停止這沒有目的也沒有熱情的人生，何時才能不再懷著內心深處的傷痕而沒有辦法療癒？」

但是，一八五五年一月，在克里米亞戰爭時期，他曾經連續兩天兩夜豪賭，賭輸他所有的錢，連帶輸掉祖產亞斯那亞波利亞納的房子，然後在日記裡懺悔：「我嫌惡我自己，只想忘記自己的存在。」接著，整個二月，他繼續無歇止的豪賭，直到其他軍官覺得他毫無自制能力，拒絕跟他玩牌。然後，他離開自己的部隊，到其他地方繼續賭。不賭博的時候，他就找女人。克里米亞戰爭結束的一八五五年九月，他豪賭一週而沒有寫日記，接下來的一個月是不可自拔的耽溺於女色。

一八五五年，戰爭結束，托爾斯泰離開部隊到聖彼得堡當屠格涅夫（Ivan S. Turgenev，一八一八－一八八三）的客人。屠格涅夫跟朋友說，托爾斯泰「終夜狂歡作樂、嫖妓、賭博，然後睡得像個死人，直到下午兩點。我試著節制他，但是現在我已經放棄了」。

一八五七年，托爾斯泰與長他十一歲的堂姐亞力山德拉・托爾斯塔雅（Alexandra Tolstaya）在日內瓦重逢，並且發展出長達近五十年的親密友誼。這位堂姐可能比托爾斯泰的太太更了解他，托爾斯泰也愛她：親密而且迷人。但是他們決定當朋友。與這個堂姐的交往將托爾斯泰好的一面漸漸帶了出來。

一八五八年，托爾斯泰誘拐已婚的漂亮農婦阿克欣雅・巴濟齊娜（Aksinya Bazykina），然後不可自拔的愛上她。「今天，在那古老的樹林裡，我是個傻瓜、畜生。她那古銅色的肌膚、那眼睛……墜入了生平不曾有過的戀愛，沒有別的想法」。這段關係延續了三年，他們生下了一個兒子提摩費（Timofei），但是托爾斯泰從來沒有公開承認過這兒子或照顧過他。「我從來不曾向他道歉，我不曾悔過，一秒鐘也不曾有過，而我卻公然斥責別人」。一八六〇年的日記裡，他表達了內心的恐慌，「當我覺察到自己有多依戀她時，我真的害怕了。那種感覺已經超過單純的性欲，而更像是丈夫對妻子的感覺」。晚年的托爾斯泰為此備受折磨，並在死前三個月對他的信徒保羅・畢柳可夫（Paul Biryukov）表達了對這一段孽緣深切的悔恨。而他的妻子蘇菲亞（Sofya）看過他的日記後，雖然知道托爾斯泰在婚前不久已經結束了這一段情，卻仍舊嫉妒到曾經有自殺或者拿槍殺了阿克欣雅的念頭。

但是，即使到了五十二歲，托爾斯泰還是被一個身材姣好、容貌不特別漂亮的廚娘多姆娜（Domna）所吸引，並且安排好跟她幽會，這個渴望之強烈使得托爾斯泰備受折磨，先是要求兒子的家教老師陪著他散步，以免單獨碰到這廚娘，最後則安排讓她遷出他的產業。一八八九年，托爾斯泰寫信給他的大弟子弗拉基米爾・契訶夫（Vladimir Chertkov）表示夫妻間不應該有性生活：「當一個男人結婚後，跟他太太應該要像兄弟或姐妹一樣的生活。」但是，同一年他又寫到：「我不應該太急於滿足徹底禁欲的渴望，因為我是一個骯髒、充滿性欲的老頭。」

婚姻與文學的救贖——道德時期

一八六〇年托爾斯泰經歷了大哥尼可萊的死亡，三哥德米特里死於一八五六年，據說那時托爾斯泰忙著去參加社交活動。但是，這一次死亡的恐懼結合了人生終歸虛無的惶恐，強烈的震撼了他，猶如被死亡吞噬的是他自己。

托爾斯泰在一八六一年訪英國期間好像沒有嫖妓的紀錄。但是，一八六二年初，他還跟《莫斯科通訊》（*Moscow News*）的發行人兼編輯卡特可夫（Katkov）賭博，輸掉一千盧布。根據他太太蘇菲亞的說法，這件事把她們姐妹都氣哭了。

在婚前三年所發表的《婚姻生活的幸福》（*Family Happiness*）裡，托爾斯泰顯露出對家庭與婚姻生活的渴望，但是卻又懷疑愛情的持久性，以及純真少女抗拒社會上各種誘惑的能力。此外，他也覺得自己過去生活浪蕩，配不上純真的少女。因此，他幾乎打定主意要放棄婚姻與家庭生活。但是，另一方面，只要有機會，他又很認真的考慮結婚的對象。一八六一年給他堂姐亞力山德拉的信裡，他這樣分析一個候選人葉卡捷琳娜・提猶切瓦（Ekaterina Tyutcheva）：「她太像溫室裡的植物，太過分的被教養成享受現成快樂的人，而不可能跟我分享我的作品，連理解都可能有問題。她完全是被培植來享受道德上的快樂與甜蜜，而我則只能為她培土、施肥。」

托爾斯泰心目中的理想太太，既要純真又要聰慧而善解他的文學與內在世界，還要能當他的文學與人生志業上的夥伴。有些作家可能會再加上一個條件：要能滿足他驚人的性欲。而托爾斯泰卻相貌平庸，還有羞於見人的個人史，很難找到他想要的對象，但是托爾斯泰卻還真的找到了。

一八六二年九月二十三日，三十四歲的他與年僅十八歲的蘇菲亞結婚。雖然從墜入情網到結婚僅三、四個月，他對這一場婚姻的抉擇並非容易，中間翻騰之激烈與抉擇的反覆都相當戲劇化。但是，婚後快樂的家庭生活把他引入一種新的情境，使得他「不再去找人生普遍的意義，那時我整個身心集中於家庭、妻子，因而圖謀增加收入」。

托爾斯泰在一八六三年的日記裡寫著：「家庭幸福把我整個給陶醉了。」「我多麼幸福，幸福！我那麼愛她！」在蘇菲亞的弟弟和托爾斯泰的至交費特（Fet）等人眼中，這一對夫妻婚後是很幸福的。婚後九個月，他們的第一個孩子就出生了，而托爾斯泰在一八六三年發表《哥薩克人》（*The Cossacks*）之後，緊接著開始構思他的鉅著《戰爭與和平》。他在構思《戰爭與和平》的過程極為專注，以致蘇菲亞心裡很不是滋味。後來，托爾斯泰請她謄稿，她又繼而訂正手稿，給予意見和批評，從而逐漸發展成為他不可或缺的助理兼秘書，還兼經理人，替托爾斯泰擋下各種不必要的應酬、管理產業與奴僕，以及懷孕和養兒育女。兩人在情感上緊密結合。「我們相愛，那就是說，比世上任何人都還更親密」。

托爾斯泰喜歡小孩，而且擅長逗小孩子玩、讓他們開心。但是，由於夫妻倆的性格都倔傲頑強，因此偶有的衝突應該還是難免。譬如說，蘇菲亞在婚後第八年（一八七一年）生完第五胎後病倒且差點喪命，這使得她對再度懷胎感到恐懼。這個態度卻讓托爾斯泰很不高興，認為蘇菲亞遺棄了為人妻的天職。但是，大體上婚後的幸福歲月很可能延續了十五年，直到寫完《安娜．卡列妮娜》（*Anna Karenina*）。包括羅曼．羅蘭（Romain Rolland，一八六六－一九四四）在內的許多傳記作家都相信《戰爭與和平》和《安娜．卡列妮娜》是幸福婚姻下的產品。

也許是因為文學創作的欲望遠超過一切，婚後的托爾斯泰突然變得極為安定而專注，心裡充滿平靜，不可自拔的賭性和情欲消失無蹤。他自己說婚後十八年內可以稱為他的道德時期，他在那一段時期裡從不曾做下任何可以被社會指責的事。連多疑的傳記作者安德魯．威爾森（A. N. Wilson）都說托爾斯泰婚後從來沒有對太太不忠。這段時期他追求的是自我中心的，屬於人世的幸福：家庭的財富與溫馨、文學的成就，以及各種的愉悅。除此之外，他也關心其他人的俗世福祉，因此從事農奴教育，研究農業問題。

走出自殺的渴望，在信仰中重生

根據托爾斯泰的《懺悔錄》，他就這樣又過了十五年，而來到一八七七年，在完成《安娜．卡列妮娜》之後，才再開始無可逃避地面對人生的虛無與意義，並導致他最後不得不相信人活著唯一的意義就是為神而活，為了按照耶穌基督所教誨的方式而活。

在寫作《安娜．卡列妮娜》的過程中，他在一八七二和一八七三年各喪失了一個幼子，一八七四年托瓦內特姑媽（Aunt Toinette）過世讓他十分傷心。但是，厄運接二連三，一八七五年十一月，女兒出生一小時半之後死亡，同年十二月，另一位姑媽又過世。除此之外，他的小姨子也在這一段時間失去了一個五歲的女兒，而他二哥則失去了一個兩歲的兒子。

他寫信給好友費特：「害怕、恐懼、死亡、兒童的笑聲與歡樂、特殊的食譜、焦慮不安、醫生、臥病、死亡、恐怖，真的是折磨！」

有鑑於死亡的必然，他懷疑一切俗世的價值，文學、名聲、家庭的幸福，一切都是徒勞。就像《安娜‧卡列妮娜》中列文的經歷一樣，五十歲的托爾斯泰在一連串的死亡陰影追逐下，再度引燃年輕以來就難以擺脫的虛無感。這一次虛無感之強烈，使他必須藏起所有看得到的繩索和槍械；他不相信人活著有任何意義，僅僅只是為了家庭而強忍著自殺的衝動。

在蘇菲亞能幹的經營與管理下，《戰爭與和平》和《安娜‧卡列妮娜》的每年版稅有兩千盧布，甚至比家族產業的收入（每年一千盧布）還多。他們有能力聘僱更多的家庭教師、僕人，也有能力長期宴請更多的客人。家裡經常很熱鬧，托爾斯泰不反對而且也喜歡熱鬧。雖然已經五十歲，但是他的體力旺盛，可以持續工作八小時不休息，不管是鋸木、割草、登山，沒有人能趕上他的腳步。他年輕時渴望達到的體力鍛鍊和意志力訓練，可能已經大體完成；他年輕時最渴望的家庭幸福就在身邊，妻子忠心耿耿的愛他、支持他的文學事業，兒女成群，而他又是很會逗孩子開心的父親。但是，所有他年輕時所渴望的「幸福」，如今卻都不再讓他感到高興。他甚至對這些東西提不起勁。或者用他自己的說法：

實際上並沒有可以願望的東西。我甚至不願意知道真相是什麼。因為我已認定它含著什麼了。真相是生命毫無意義。

我覺得我所站的地方已經崩潰了，我的腳下已經沒有什麼可以站的了。我以前所賴以生活的已經不復存在了，我找不到能夠賴以為生的東西。

我那時的心情是這樣的：我的生命是某個人無心跟我開的惡意玩笑。

他試著去讀柏拉圖、叔本華（Arthur Schopenhauer，一七八八—一八六〇）、史賓諾莎（Baruch de Spinoza，一六三二—一六七七）、康德、黑格爾（Georg Wilhelm Friedrich Hegel，一七七〇—一八三一）、謝林（Friedrich Wilhelm Joseph von Schelling，一七七五—一八五四）。沒有人能給他信服的建議。所有他用理智分析所能達到的結論，都指向生命的無意義。唯有一點是清楚的：「生命是一切，理智只是它的產物，如果說理智能否定生命本身，我覺得這有點不對。」

他不再相信書本，也不再相信理智，轉而去看身邊真實活著的人，那些沒有知識卻活得非常篤定的農民。這些農民忍受一切的貧困與折磨，卻還能活得開心。他們的無知，再度印證托爾斯泰對智力與知識的失望，愈沒有知識與思想的人活得愈篤定，甚至活得愈有價值（而非耽溺在無意義的虛榮和物欲中），因此讓生命有意義的絕非思考與理性，而是高於思考和理性的信仰。

花了將近五年時間的反覆摸索與省思，他才逐漸走出自殺的陰影，「在宗教的精神世界裡重生」。一八八二年的《懺悔錄》記錄了他走出自殺意念的過程：

我知道我錯了，並知道為什麼錯了。我的錯由於思想得不正確者少，而由於我生活得不好者多。我明瞭了，我所以看不見真實，由於思想的錯誤者少，而由於我生活在任性的滿足私欲者多。……真的，我的生命——縱欲的生命——是無意義的、惡的。故回答說「人生是件惡事和無謂的事」，只是指我自己的人生，而不是指普遍的人生。……我看出欲了解人生的意義，須先使生活成為不是無意義的、罪惡的，然後再以理性去解釋。

因此，他想要過「正確的生活」，放棄為自己的幸福而活（包括文學創作與爵位、名聲），開始為神而活，為其他人的幸福而活。

一八七六年起，他開始實踐東正教的各種宗教儀式，比童年時更認真，晨昏祈禱、每週三和週五禁食、週日參加彌撒、懺悔、領聖餐。「我重新發現了生命的力量，但是它對我而言一點都不新鮮，反而是我生命中最古早的生命經驗，我人生初始時的那種力量。」蘇菲亞對宗教一向虔誠，也為托爾斯泰的無信仰長年感到悲傷，當然為這個改變喜出望外。一家人在托爾斯泰熱切的宗教情感裡更加緊密的結合在一起。他接待一位虔誠的教徒鮑布林斯基（Bobrinsky）伯爵，並寫信給他的堂姐亞力山德拉：

他沒有想要證明任何事，他單純的就只是說他相信。聽他說話，你不得不相信，有信仰的人是比沒有信仰的人更快樂。最重要的是，你可以感受到他這種信仰絕對不是心智的努力所成，而必然是一種奇蹟式的恩典。這就是我所渴求的。

在他莊園不遠的地方有一條通往基輔的大道。每當春天，朝聖者絡繹於途，他會帶著給朝聖者的奉獻，到路旁守候一整天，跟他們攀談，滿懷欣羨他們完全為神而活的儉樸行囊與精神上的滿足。一八七八年春天他跟堂姐亞力山德拉見面時，他堂姐已經感受到他想放棄爵位的意願。同年，屠格涅夫在與他決裂十六年之後接受他的和解，去訪問他。屠格涅夫對於宗教與道德的漠不關心讓托爾斯泰極端不快，而托爾斯泰對動物的了解與親近則讓屠格涅夫印象極為深刻。

基於信仰高於理性這樣的信念，托爾斯泰努力恪守東正教的儀式與教義而不去質疑。但是，即使信仰高於理性，它也不該明顯的自相矛盾。托爾斯泰在信仰中找尋的不是安慰或痲痺，而是真正值得他為之而活的真相。不管他對信仰有多渴望，都不足以鬆懈他那徹底探索真相的願力以及對事實的敏感能力。畢竟，他是一個絕不含糊，也絕不自欺的人。而且，東正教也確實俗世化到讓人不能不察覺的地步。

福音書寫得很清楚，耶穌要所有信從他的人寬恕他的敵人。但是，他在一八七八年三月二十八日的日記裡質疑，為何在教堂裡不是為敵人祈福，而是祈禱敵人的滅亡；而且沙皇明明只是一個人，為什麼卻要為他的永生祈福？他對新約福音的研究與認識讓他無法接受偶像崇拜與聖餐（象徵著吃耶穌的血和肉），也無法既接受耶穌有關於愛的教訓，而又同時跟著東正教一起鼓舞戰爭，以及教派間的爭執，乃至於彼此的迫害。

要不然就是耶穌錯，要不然就是東正教和羅馬教廷一起錯，托爾斯泰在這兩者間容不下任何的含糊。他自己研究《聖經》，去掉被他當作神話故事的《舊約》與《使徒行傳》，而把他的信仰根植於四福音書，尤其是耶穌的〈登山寶訓〉。在托爾斯泰的整理下，耶穌的核心教訓只有五個誡命：不可以發怒，不可以犯姦淫的罪，不可以發誓，即使是防衛自己也不可用武力，不可以殺人，而這一切誡命的核心就是真誠的愛。他反對「以眼還眼，以牙還牙」，因為只有愛能戰勝邪惡，而不可能以惡止惡。以這些簡單而容易了解的信念為核心，他無可避免的達到一八八〇年在《教條神學底批判》（*Critique of Dogmatic Theology*）裡的結論——神學是「非理性的，且是有意識的，有作用的謊言。」

一八八二年他發表了《懺悔錄》，清楚揭露他自己長達十年處於自殺邊緣的心路歷程，以及重新建立起信仰的過程。從此之後，他告別了從盧梭學來的「自我完成」（self-perfection），不再相信理智與知識分子的理論，也不再無條件的相信任何教派，而相信真理在福音書裡、在農民的生活與智慧裡。只不過：

> 雖則我在農民中，比之在教會的代表中，看見較少的偽妄的混合物，但我仍然看見民眾的信仰中真和偽也混雜著。但是，真是從那裡來的，而偽又是從那裡來的呢?真和偽都藏於所謂的神聖傳統習俗和《聖經》中。真和偽都是從所謂教會傳下來的。

一八八二年的《懺悔錄》是這樣結束的：

教義中有真理，這是我覺得沒有問題的；但是其中含有謬偽，這也是確實的。我必須找出什麼是真的，什麼是偽的，並且把真偽分辨出來。我正在進行這項工作。

雖然托爾斯泰還無法完全確定什麼是他該相信與奉行終生的，但是卻已經對於自己的一生有了一種覺悟與信心：

有些人比較輕盈，他們有翅膀，可以輕易從群眾裡升起再降落：好的理想主義者。這些人具有強而有力的翅膀，卻只因為被肉體的欲望拖累而折翼，淪落到與群眾為伍。我就是其中之一。當我的翅膀痊癒，我將高飛。這是上帝所賜予的。還有一些人，有著天堂的翅膀，只因為對世人的愛，折起雙翼，降落到地上，教人如何飛翔。直到他們不再被需要才飛走：耶穌。

沒有個人的幸福，只有全體人類的幸福

一八八一年二月九日，與托爾斯泰並列俄羅斯兩大文豪的杜斯妥也夫斯基過世，蘇菲亞寫信給她妹妹：「列夫工作過度，他老是頭痛，但是卻無法放下工作。杜斯妥也夫斯基的死亡對他和

對我們都產生很大的影響：那麼有名、那麼受到普遍的愛戴，最後卻還是要死亡。這使得列夫一直在思考他自己的死亡，也變得更內向而沉默。」

在一八八一年的《四福音書一致論》（*The Four Gospels Harmonized*）裡，他宣揚後來終生持信的信念：

> 我相信，當所有人都實現了幸福的時候，塵世才能有幸福存在。只有當它是自我犧牲時，愛才配稱為愛。因此，只有當人懂得要獲取個人的幸福是不可能的時候，真正的愛方能實現。

當托爾斯泰放棄個人的幸福時，他也同時放棄了純文學的寫作，以及為自己而寫作的動力。從一八七七年寫完《安娜・卡列妮娜》之後，直到一九一〇年他逝世為止，除極少數例外，整整三十三年之間，他的著作幾乎都是宗教性與道德性的論述。譬如一八八一年的《四福音書一致論》、一八八二年《懺悔錄》、一八八三年《我的信仰》（*What I Believe*）、一八八五年《愛在那裡神就在那裡》（*Where Love Is There God Is Also*）、一八八六年出版的《什麼是我們應當作的》（*What Shall We Do?*）、一八八七年的《人生論》（*On Life*）、一八八八年《黑暗的力量》

（*The Power of Darkness*）、一八九二年的《第一步》（*The First Step*）、一八九三年《神在你心中》（*The Kingdom of God Is Within You*）、一八九四年《基督信仰與和平主義》（*Christian Faith and Pacifism*）、一八九八年的《藝術論》（*What Is Art*）、一九〇二年的《宗教論》（*Essays On Religion*），一直到一九〇八年反對死刑的論述《我不能沉默》（*I Cannot Be Silent*）等。

五十歲以後的托爾斯泰與三十五歲以前的托爾斯泰判若兩人：一個徹底禁欲的人，和一個徹底縱欲的人。假如兩者之間有什麼聯繫，那就是真誠無欺，以及做任何事都全力以赴，毫無保留。

一八八一年三月，俄國革命分子刺殺了沙皇亞歷山大二世，托爾斯泰寫信向繼位的沙皇亞歷山大三世求情。他後來在一封信裡回憶這段心路歷程，他相信處死這些人猶如另一起的謀殺，反之，假如亞歷山大三世能夠赦免這些刺客，他將會得到真正的幸福。他覺得自己有責任去阻止另一場謀殺：

> 我無法相信這些人將被處死，同時我又覺得要對他們的死亡負責，並因而感到痛苦與折磨。我記得有一晚帶著這樣的想法躺在皮沙發上，不小心睡著了。在夢中或半睡半醒中，我想到他們，以及籌劃中的死刑，我猶如清醒般感受到被處死的不是他們而是我；不是亞歷山大三世、劊子手、法官在謀殺他們而是我。我在這個夢魘中驚恐的醒來，立即寫信給沙皇。

在信仰裡重生的托爾斯泰跟罪人托爾斯泰一樣毫無保留。在他之前和之後，所有攻擊教會和沙皇的人都被流放到西伯利亞，他很清楚。但是他在一八八三年的《我的信仰》中不僅企圖重新闡述耶穌在四福音書中的教誨，更在倒數第二章裡控訴教會背叛耶穌的教訓，誤導信眾接受俗世的價值。他也坦白指出教會因為背棄了耶穌的教訓，所以政府機構、科學與藝術也都蔑視教會。這本書並且預言人民將廢棄皇帝與教皇、廢棄奴隸制度，最後並且廢棄私有財產與國家制度。

很容易想見的，這本書在一八八四年被沒收，禁止發行。之後托爾斯泰絕大部分的著作都被禁止出版，只能以禁書的方式私下傳閱。

當托爾斯泰說他相信耶穌基督的教訓時，他不是說說而已，而是認真的想做到一切他從福音書所得到的教訓。他把這句話當真——成為基督徒，就是照著耶穌基督的一切教訓去做，沒有任何違犯。

一八八一年五月五日的日記裡，我們看到他渴望離開家庭，專心服侍上帝，但是卻又充滿衝突與掙扎的遊說自己留下來。這個掙扎一直不曾消失，他一直渴望離開家裡，去過徹底宗教化的生活，直到他那客死異鄉的最後一趟旅程。同年十一月，他隱藏起自己的貴族身分，以平民的方式帶一個僕人進行了第二次的朝聖。過程十分辛苦，但是他樂在其中。

一八八一年七月，他寫了一篇短篇故事〈人依何為生〉（What Men Live By），一篇非常美麗、動人的宗教故事。從此以後，他為農民和兒童寫了許多短篇故事，其中著名的還包括〈人需要多少土地〉（How Much Land Does a Man Need?）、〈呆子伊凡〉（Ivan the Fool）等。它們都簡潔、樸實，沒有文學性的裝飾，卻充滿了動人的宗教情感，成為各種社會階層與年齡層都愛讀的書。因此牛津大學出版社還在它的「世界經典文庫」中，出版了一本托爾斯泰的短篇故事選集《二十三個故事》（*Twenty-Three Tales*）。

托爾斯泰的改變是從裡至外全然一致的，他所寫的就是他所相信的，他所相信的就是他想做的——雖然照他所相信的去做，將會引起家庭內的衝突與分裂，最後他還是被迫在家庭與信仰間選擇了信仰。

一八八一年七月，他去了一趟屠格涅夫家，詩人波隆斯基（Polonsky）正在那裡作客。他看到一個穿農民裝的人在門口付錢給車伕，完全無法理解眼前正在發生的事。等到這個穿農民裝的人盯著他問道：「你是波隆斯基嗎？」他才警覺到這是二十年不見的托爾斯泰。這個托爾斯泰跟二十年前他所認識的那個人完全兩樣，他對自己的信念依舊堅定，但是不會強迫其他人接受，並且能耐心聽完屠格涅夫那一套跟他完全牴觸的論述。「他簡直像是經歷過重生，充滿了信仰與愛。」

接著，托爾斯泰去視察他的莊園薩瑪拉（Samara）。他給太太的信裡充滿對農民困境的同情：「村落裡有太多的窮人，我們如果沒有多少幫他們一點，那就太讓人感到悲哀了。」蘇菲亞很清楚他想要做什麼，就回答他只能就親眼見到的個案一個一個就其具體需要去救濟，而不可能去救濟整個村子裡所有的窮人，否則「（不管有多少收入）我跟孩子將會分文都得不到」。

在莫斯科，偶爾能讓他高興的，是見到幾位認真實踐耶穌教訓的人。其中一位是叫邵塔耶夫（Soutáef）的農民。這個人原本是彼得堡的墓碑工人，因為不想從事有競爭性的行業，因此放棄所有欠收款，帶著兒子到彼得堡鄉下幫村落裡的人管牲畜。他盡可能的善待牲畜，而他的兒子們則為了遵從耶穌的教訓而拒絕服役，並寧願為此去監牢服勞役。他們一家都不去教堂，也不承認國家的威權。托爾斯泰被這人的直率、認真、正直、勤奮、堅毅等特質所感動，並為此著迷。

一八八二年一月，他參加了人口普查，真正了解到大都市底層的慘狀。在一八八六年出版的《什麼是我們應當作的》中，他描述了親自接觸都會遊民的經驗。他跟著一群衣衫襤褸的人來到收容所前面，站在遊民群中很久後，跟旁邊一個人攀談。這人原來是到莫斯科來工作的，原來的工作結束後卻找不到其他工作，錢和護照又被偷，回不了家，而成為遊民，已經兩天沒吃沒喝。身邊的人證實這人的故事，也說出自己相似的故事。他給這人買了一杯熱飲，馬上有一個凍得直發抖的人又擠出人群來跟他討一杯熱飲。他又給，馬上又擠出另一個可憐的人，就這樣一杯接一杯，直到攤販的熱飲賣光為止。然後他開始逐一給錢，直到人群蜂擁而上，秩序大亂。後來，他進入收容所裡面，看到數目驚人的可憐人，他突然覺得自己從裡到外都很可鄙，羞愧的逃回家去。在鋪著地毯的家裡，在衣著華麗的僕人伺候下，他享受著五菜大餐。想到那些在寒冬中衣不蔽體，連續兩天兩夜沒吃沒喝的人，他覺得自己是個罪人：「我當時跟現在都覺得，以後也將永遠如此覺得，只要我在別人沒得吃時有奢華的飲食，或者在別人衣不蔽體時有兩件大衣，我就跟別人一樣持續而重複地在犯罪。」

他對一個朋友談這件事，這朋友只淡然的說：都會中這種情況是絕對不可能消失的，倫敦比這還嚴重，因此莫斯科的情況沒什麼不好，不需要掛意。托爾斯泰急得不由自主地揮舞雙手，帶著眼淚向朋友聲嘶力竭的喊：「人不該這樣活著！不可以！絕不可以！」他太太驚嚇得從隔壁房間趕忙跑過來看到底發生了什麼事，並且跟他朋友一起說服他——他沒有理由因為那些可憐人而糟蹋了他家人的生活。他屈從了，但是，對一切以往所喜歡的享受，他從此以後都感到極其痛苦、折磨。

不過，所有他親近的朋友都設法讓他相信即使他放棄一切財產，也不可能改善那些窮人的處境，因為那些人之所以如此貧窮有別的原因。而托爾斯泰也不該責怪自己，其實他是如此敏感而善良，一點也沒有罪。他不該責怪自己，而應該去找出其他方法來幫助那些可憐的人。

雖然良心上一直都感到不對，他在理智上被說服了，開始著手一系列的慈善計畫，包括募款、協助窮人返鄉、兒童就學、建立老弱的庇護所、推動窮人的避孕以防範未然。等窮人都消失了，富人就可以繼續心安理得享受富足的樂趣。

他到朋友家去募款，所有人都在口頭上同意他的理念和計畫，也承諾要贊助，卻不願意說出要贊助多少。托爾斯泰明知這意味著他們實際上不認同、沒意願，還是認真向他們開口詢問具體的贊助額度，所有人都技術性迴避具體的承諾。他到一個慈善募款的聚會，珠光寶氣的貴婦們在做洋娃娃，準備以此義賣，托爾斯泰看了就生氣，他們的衣著奢華而毫無必要，但卻比他們想要勸募的款項多出不只數百倍，顯然根本就是一群毫無誠意的人。但是，他還是勉為其難的開口，一如所料地碰壁和感到被羞辱。

他知道自己整天所做的事都讓自己和他人極其難堪，但仍決意要繼續做下去。不僅僅只是因為事情已經開始，還因為「只要我繼續為此忙碌，我就可以繼續安心過我所習慣的生活。如果這個計畫失敗，我將必須放棄現在的生活方式，去嘗試新的生活方式——那是我在潛意識中感到恐懼的生活方式」。

他繼續到處去推廣他的理念，所有人都同意他的理念，但是卻又表現出一種難為情的尷尬，好像他說的很荒唐、無聊，讓人不舒服，但是卻又不便否定他。只能在口頭上肯定他的理念，卻在心裡期待他轉移話題，不要再談下去了。即使是他的兒子和太太，也都是這樣的態度和表情。

他想更深入了解莫斯科窮人的生活，便自願加入人口普查，並且自願分配到最窮苦的區域。在正式的普查開始之前，他先去探勘，卻正巧撞上一對衣著襤褸的男女在追逐、嬉戲、調情。他突然警覺到，這些窮苦的人家除了吃喝之外也有七情六欲，有二十四小時要打發，有他們的喜、樂、期待、悲哀和痛苦。他們不是豬，不是給他們吃喝就解決問題了。而這些吃喝之外的問題，都不是金錢所能解決的。普查開始的那一天，他到了一個勞工聚居的大雜院，卻發現這些莫斯科最窮苦的人竟然正充滿歡笑的工作著，更準確的說，他們跟常人無異，有些人比較善良，有些人比較不善良；有些人比較快樂，有些人比較不快樂。而不快樂的人有其內在的理由，並非用錢來改善其外在處境就可以馬上使他們快樂起來。這些人中確實還是有些人很急需要錢和幫助，而他們也確實已經從同病相憐的鄰人處得到幫助。

還有一些人，他們宣稱只要有一些適當的外援，就可以一勞永逸脫出困境。這些人通常有很好的教育或有過很好的地位，他們所需要的就是找到一個收入高、地位受人尊敬而輕鬆的工作。可是仔細分析，這些人真正需要的就是一個正確的人生觀，他們有能力工作而不去工作，只等待著要一個當下可望而不可及的地位和職稱；但是，除非他們改變自己的人生觀，否則他們將跟托爾斯泰身邊的有錢人一樣，繼續渴望著可望而不可及的更高地位或職稱，並對自己的現況感到不滿與不平。托爾斯泰曾經幫過其中三人，但是三年後他們的處境還是回復到原來的狀況，一點都沒有改善。

另一類他覺得需要幫助的人是妓女。但是當他提議要協助一個妓女去當廚娘時，那妓女卻不屑的嗤之以鼻，在她和絕大多數的妓女心中，當妓女強過當下人。托爾斯泰仔細回想，要幫助這些妓女很難——整個社會都以為女人的社會功能就是滿足男人的情欲，並以此換取生活享受時，實在看不出一個妓女和一個貴婦實質意義上的差別。當整個社會看不起勞動者時，很難讓妓女想要脫離妓女的「困境」去當一個勞動者。

後來，他帶了一個十二歲的小孩回家，讓他在廚房幫忙。他是個聰明的孤兒，曾在一個鞋匠那裡學藝。後來因為鞋匠坐牢，他才流落街頭。幾天後他的農民朋友邵塔耶夫邀這小孩去跟他一起過自食其力的生活。沒多久這小孩就跑掉了，回到收容所去，白天在雜耍團打工（扮演野蠻人，以及帶大象遊行）。托爾斯泰後來警覺到這孩子不願意刻苦工作，就像他自己，也在教自己小孩通過教育來免除未來以勞力換取報酬的下場。既然他和整個社會都逃避勞動，甚至輕視勞動者，如何有可能教其他小孩甘於自食其力呢？

托爾斯泰後來漸漸覺悟到，比貧富差距根本的問題是價值觀的問題——輕視勞動，希望付出比別人更少，得到遠比別人更多的東西。

他愈是去訪問那些需要幫助的人，愈覺得這些人只是貪婪的想要他的錢，就像他身邊的貴族也只是一味想要更多的錢，而沒有想到比錢更有意義的東西。他愈來愈覺得錢是罪惡，它把人最壞的可能性給引誘出來，再把人掩埋到那裡頭，再也想不到人生除了錢之外還可以有什麼。

他對自己的濟貧計畫愈來愈感到失落、無意義。最後，他了無興致的把募得的三十七盧布設法分給據說是最需要的人，就告別莫斯科和他的慈善計畫。

在與他妹妹討論整個慈善計畫的過程中，他從農民朋友邵塔耶夫那裡理解到傳統的濟貧行為，簡直就是在用表面上的慈善行為，遮掩整個社會結構性的犯罪行為——有能力施捨的人，實際上從窮人那裡壓榨到遠比他所施捨的更多。假如有錢人不願意跟窮人一起做活、同桌吃飯，教導他們對待人生的正確態度，而只是把錢施捨給窮人；那麼，窮人只會學到如何去向富人騙錢——把富人從他們壓榨的錢連本帶利要回來。追本溯源，下階層窮苦的根源是富人的不勞而獲，和對賣命勞動者的剝削；國家則是這整個犯罪集團的結構性共犯，而教會則是幫兇。

從此以後，他深切感受到金錢就是罪惡，包括施捨金錢也是一種罪惡。只有擺脫不勞而獲的生活方式，他才有機會（也有資格）去試圖改變別人，改變社會。因此，他渴望放棄他所有的財產。

托爾斯泰對社會問題的診斷並不完整，失之以偏概全。譬如，都會的貧窮問題並非單純只靠個人的道德修養就能解決。但是，他通過社會現象而反省到的人性弱點，卻深具啟發性。

托爾斯泰不是社會問題的大師，但是他對人性的洞見確實罕有人能及。

托爾斯泰的悲劇

對於托爾斯泰而言，信仰就是生活中的一切，從醒來到入寢，有時還包括睡夢之中的時間。對他太太蘇菲亞而言，信仰只是生活中的小插曲，只占她每週生活中的一小部分（週日上教堂，每天固定的時間祈禱）。教徒托爾斯泰想要放棄他所有的財產（他叫它們"nonsense"），但是伯爵夫人想要為孩子保留他們清清白白賺來的家產。

一八八一年五月二十九日的日記，他含蓄的記下夫妻間的爭執：

「基督的教訓不切實際。」「所以是荒謬的？」「不是，但是它們不切實際。」「你曾經試著去實踐它們嗎？」「沒有，不過它們就是不切實際。」

托爾斯泰愈來愈渴望過著像農民那樣簡樸的生活，但是當他從薩瑪拉回到家時，等待他的卻是一如往昔的宴會。他還不想跟家人決裂，因為他們是他的骨肉，只能在日記裡無奈的記下：「一場戲劇表演。一群空洞的人。十九、二十和二十一日這三天一定會從我的生命裡被刪除掉。」

偏偏，大兒子十八歲，準備要進大學，其他小孩的教育也必須要進一步加強。大女兒十七歲，按慣例應該要開始進入社交圈，以便有機會認識好對象。這些家庭的需要，使得全家必須在冬天搬到莫斯科一棟租賃的房子，托爾斯泰也必須遷就家庭的需要。十月五日的日記：

一個月過去了。我人生中最折磨的一段歲月。搬遷到莫斯科。整天忙著安排各種事物，他們要到何時才可以開始「活」？這一切不是為了自己要活，而只是為了讓別人喜歡。真不幸，唯獨缺了「活」。

蘇菲亞給姐妹的信則這麼說：「列夫不僅僅變得憂鬱，他甚至掉進絕望的冷漠。他不吃不睡，有時候甚至一直掉眼淚。」

一八八二年二月一日，他實在再也受不了都會的生活而單獨回到故居，他說：「再也沒有任何地方比這裡更能夠讓我感受到平靜了。」二月四日，他寫信給太太：「對於我和任何一個會思想的人而言，都會生活的錯誤首要在於我一直被逼迫或者要爭論、駁斥錯誤的意見，或者不去爭辯地接受它們，後者其實更糟。」

托爾斯泰在思想上與價值觀上的改變之徹底與劇烈，導致夫妻間愈來愈嚴重的不和。尤其他們兩人對財產的看法更是分歧，且尖銳的對立。保留財產使托爾斯泰變成言行不一且無法忠於個人信仰的人，因而深刻的痛苦、折磨；但是對於蘇菲亞而言，財產是保障她和子女幸福的必要條件，它遠比宗教信仰還重要。一八八二年八月，在一場爭執中，托爾斯泰說出他最深切的渴望就是離開這個家。而他太太則寫下：「我這一生將永遠記得他那呼叫是多麼真切而誠摯，我的心碎了。」

從此以後，兩人之間對財產和宗教的態度歧異愈來愈深，愛與折磨交錯直到老死不曾改善，甚至更加惡化。蘇菲亞甚至會用刻薄與惡毒的方式嘲弄托爾斯泰對宗教信仰的踐履，而托爾斯泰只能盡可能隱忍（以及在隱忍不住時偶爾爆發）。

托爾斯泰擇偶時最在乎的是對方能否理解他內心的世界，以及他的工作價值。但是，現在他的太太卻是第一個踐踏他信念的人。他在給朋友的信裡這麼說：「你也許不信，但你無法想像到我是多麼孤獨，真正的我是被身周的人輕蔑到什麼程度。」據說，有時候連日記都當作攻擊的武器，甚至拉攏孩子到自己陣營來護衛自己、傷害對方。孩子都感覺到家裡氣氛不對，但是，在這種尖銳的敵對氣氛下，他們還是在一八七九年到一八八八年間再生下最後四個孩子。一八九〇年的小說《克羅采奏鳴曲》（*The Kreutzer Sonata*）則將夫妻關係寫成交雜著激烈的爭執、衝突、和談、彼此在性的渴望中和解的交錯關係。這小說的情節也許多少反映著這一段時期的夫妻關係。

一八八二年，他試圖放棄爵位，希望能夠跟其他人如兄弟般平起平坐。一八八三年，他把一切的財產權轉移給他太太處置，不再過問。他想離開家裡，照他所相信與宣揚的去過活，但是他又無法離開自己的骨肉。一八八四年托爾斯泰開始自己做靴，一八八五年開始素食與禁菸酒，並放棄他最喜歡的打獵。此外，一八八三年首度拜訪托爾斯泰便成為他弟子的弗拉基米爾・契訶夫，對於托爾斯泰的影響愈來愈強，變成蘇菲亞最嫉妒的對象，也愈來愈介入托爾斯泰的家庭生活。一八八六年，托爾斯泰被東正教會宣布為異教徒。一九〇一年，托爾斯泰被開除東正教教籍。

他在一八九七年六月八日給太太寫了一封信，準備隨時不告而別離家出走：

親愛的蘇菲亞，長久以來我為了生活與信仰不一致而痛苦。我不能強迫你改變你的生活與習慣。迄今為止，我也不能離開你。因為，我離開之後將失掉我所能給你和年幼子女的小小的影響，而我將使你們大家非常難過。但是我不能再一如過去十六年那樣過活，有時是與你們抗爭而使你們不快，有時是我自己陷溺於熟悉環境的誘惑與影響而不能自拔。我此刻決心要實踐我已經想了很多年的計畫：離開這個家。……如印度人一般，六十歲時到森林中去隱居，或如一般信教的老人將殘年奉獻給上帝，而非奉獻給玩笑、幽默的對話、胡鬧、打網球。我亦是，在這七十歲左右的時候，我全心全靈魂的渴望靜穆、孤獨。就算無法做到跟自己的良心全然一致，至少也不要再因為不一致而持續跟良心爭鬥。如果我公然離開這個家，一定會引起你們的乞求、爭辯，而我將會退讓，或者就在我應該實踐我的決心時卻沒有去履踐。因此，如果我的行動使你們難過，請寬恕我。尤其是你，蘇菲亞，讓我走吧。不要找我，不要恨我。我離開你，這個事實並不表示我對你懷怨。

晚年的托爾斯泰留在家裡如窮人般過活，而他的太太和子女則繼續享受著奢華的宴會。據說，托爾斯泰在家裡獨居的小臥室裡僅有簡陋的家具，一張鐵床，四壁空無一物。

從托爾斯泰晚年為了不能如願在生活上堅持自己的信念，而感到極其痛苦，我們可以相信托爾斯泰寫的是他所相信的，也是他準備要去實踐的，他不是講空話的人，不是言行不一的人。也正是因為這樣的人格特質，他的作品才能散發出對人性徹底的洞察。

另一方面，儘管托爾斯泰在他一八八二年以後的論述裡，有越來越強烈的道德堅持，但是，從他對待家人的態度，以及他在許多著作中的線索，我們還是可以看到他在論述上堅持是非，在對人時卻「嚴以律己，寬以待人」。

寧為女人的男人

什麼是「人」？什麼是人的存在狀態（being）？人一定是僅僅存活於現實世界中？想像必然是一種存在的欠缺（absence of being）？還是說，想像也是人的存有（being）的一部分，甚至往往是比他在現實中的存在更有價值的另一個存在層次？人，如果欠缺了精神性的存在層次，也許會活得比動物還沒價值；但是，精神性的存在跟創作有什麼關連？它們又跟想像有什麼關連？人類如果失去了超出現實的想像能力，他會變成什麼樣的存有？

看完阿莫多瓦（Pedro Almodóvar，一九五一—）的電影「我的母親」（All About My Mother）之後，這些問題一直在我腦海裡縈繞，揮之不去。

阿莫多瓦是西班牙當代最著名的導演，也是全球學術圈內最喜歡探討的當代電影導演之一。同時，他也是一個渴望成為女人的男人。這個渴望受困於生理上的不可能，使得阿莫多瓦必須終生面對內心的自我認同與外在形象的衝突，以及理想與現實之間難以跨越的鴻溝；但是富有生命力與創造力的阿莫多瓦既不向現實妥協，也不滿足於僅僅只是男同志，他在電影「我的母親」裡深刻的反省戲劇（創作）與人生（真實世界）、內在的自我與外在的形象、女性與懷孕的意義，以及在精神上從男人變成女人的可能性，從而為自己的困局找到積極而寬闊的昇華路徑。

「我的母親」就像是阿莫多瓦精神上的自傳，也勾勒了他如何掙脫生理困境而邁向精神世界的寬闊高原。它同時也是一部精彩動人的藝術品，用非常具有說服力與感染力的方式告訴我們：想像的世界跟行動的世界一樣真實，甚至還遠比被我們稱為「現實」的世界更接近人類生命的底層，因而更真實。

「我的母親」不僅有極為深刻而意蘊深遠的生命省思，也同時充滿了極為流暢、生動而有趣的電影語言，叫人從頭到尾忍不住一再拍案叫絕。

一如阿莫多瓦的其他作品，「我的母親」從頭至尾螢幕裡高飽和度的鮮豔色彩持續流向觀眾的眼睛，直到氾濫；極具張力的劇情配合著這些色彩傾洩著各種情緒，強而有力的煽動著觀眾的心懷，使觀眾經常處於興奮而又新鮮的感官（情感）經驗。

他擅長在劇情中植入惹人爭議與深思的議題，以及容易被注意到卻費解的神秘性線索，通過繁複層疊的敘事結構，激發觀眾從各自敏感或偏好的角度，進一步捉摸引起他興味的議題、線索和劇情。

譬如，很多人輕易就會注意到電影裡有三個艾斯德班（Esteban）：女主角曼紐拉（Manuela）

的兒子，她那個變性的丈夫（第一個艾斯德班的父親），以及小修女蘿莎（Rosa）產的嬰兒。這三個艾斯德班，一個跟阿莫多瓦一樣愛好戲劇和寫作；一個跟阿莫多瓦一樣有異於常人的性偏好（同性戀與雙性戀）；而另一個則創造了醫學界的奇蹟，也讓曼紐拉的兒子失而復得（或者，奇蹟似的復活）。阿莫多瓦想藉著這個線索告訴我們什麼事？還是說這三個線索被拼湊在一起純屬觀眾個人的聯想，跟阿莫多瓦無關？

「我的母親」不乏可以引起宗教性聯想的線索：曼紐拉的兒子死了，但是他的心卻留在世上（像耶穌一樣）；艾斯德班死了，但另一個艾斯德班又誕生了，使得曼紐拉失子而復得；小嬰兒艾斯德班克服了愛滋病，創造了醫學界的奇蹟；曼紐拉的丈夫是女人，所以她最後的處境跟處女懷胎的聖母瑪麗亞很相似。注意到這些線索的人很難不去聯想曼紐拉和聖母瑪麗亞的關係。但是，阿莫多瓦小時候被送到教會學校，並且在那裡被神父性侵害，後來成為同性戀者。因此，如果要說擅長「黑色電影」的阿莫多瓦會在作品中探討信仰的可能性（而非批判宗教），想必是許多人都無法相信，甚至會斥為無稽之談的。那麼，我們該如何詮釋圍繞著曼紐拉和艾斯德班的宗教性聯想？

「我的母親」就跟阿莫多瓦的許多作品一樣，它提供了許多富於聯想的線索和多重指涉而極富流動性的概念。艾斯德班這個名字連結著三個人，讓我們可以藉著這個連結而在戲劇、愛滋、同性戀、奇蹟與宗教的領域中自由的穿梭、聯想；同樣的，這部電影被題獻給「女人」，但是在電影中，「女人」卻是一個流動性的概念，穿梭於生理的、心理的、性別認同的、性傾向的、人格的、文化的，乃至於宗教的領域。因此，網路上有關這部電影的文章琳瑯滿目。從非正式的電影評論到從電影專業角度對該片服裝與敘事結構的分析，從文化研究的學術論文到專書與學術期刊中的評論，各種論述紛繁歧異。光是為了探索這部電影的可能主題，就可以寫成一整本專書。

有鑑於這部電影豐富的可能性，這篇文章只能針對幾個有限的主題去展演一些可能的詮釋，以便引導讀者進一步去深思這部電影一些較深層的面向與議題。這篇文章希望成為讀者探索這部電影的起點，而非終點。

女人、戲劇和阿莫多瓦

在電影一開始的時候，愛好戲劇寫作的艾斯德班正在撰寫一部劇本，題名為「關於我的母親」，而這部電影正是在講艾斯德班的母親曼紐拉的故事。另一方面，阿莫多瓦也說過，這部片子的創作動機是「女人」和「女人承受痛苦的能力」。而片尾把這部電影獻給天下所有的女人，「獻給所有扮演過女演員的女演員，所有的女演員，所有扮演過女人且終於成為女人的男人，獻給所有想要成為母親的人，獻給我的母親。」所以，這部電影最清楚而可辨識的主題就是女人、戲劇和女人的痛苦，而非局限於一個特定的女人曼紐拉的故事。

但是，他所謂的「女人」是什麼意思？阿莫多瓦喜歡賦予同一個概念多重、多元而流動性的意涵。因此，「女人」的概念是流動性的，可以是生理上的女人、性別認同中的「女性」、性偏好中的「女性」，或更加抽象的「女性特質」，乃至於「女性文化」。母親的概念也一樣，可以是生理上的母親，可以是一種母性的人格特質，可以是西班牙這個祖國或一個人的故鄉，當然它也可以意指著生育與創作。隨著劇情的發展，這些概念持續地流動著，幻化出阿莫多瓦那迷人而又耐人尋味的敘事結構，讓觀眾可以一再咀嚼，滋味永不枯竭。

更進一步的，女人、母親、自我三組概念也是既流動而又彼此融合，無法加以明確界定的。不僅如此，這三個概念又進一步和女人特質（說謊、編故事、幻想）、母性特質（忍受痛苦、犧牲、愛與呵護）等更寬廣的概念群在流變中相互融合，而使每一個劇情片段都可以有咀嚼不完的滋味。

阿莫多瓦的電影一向帶有自傳的色彩。那麼，這部有關於「女人」的電影，和導演阿莫多瓦本人有什麼直接的關係呢？

阿莫多瓦曾表示：

> 我的作品都帶有自傳性色彩，只是都是透過角色去闡述，所以有時候感覺上並不那麼直接。

但事實上，我將自己隱藏在每段故事及對白之後，我從沒用第一主角來談我自己，而有些東西（我想應該不包括那些僅被視為鄙俗的表現欲）反而在制止我創作自傳性作品。在我所有的影片中，都有很明顯的自我色彩——我指的是情感而不是故事——從第一部到最後一部。至於故事本身，其中幾部又要比另外幾部更有我的影子。

愛好戲劇寫作的艾斯德班顯然是阿莫多瓦的化身，創作電影的阿莫多瓦抽象的是一位「想要成為母親的人」，而同性戀的阿莫多瓦在情感上則像是一個「扮演女人且終於成為女人的男人」。這部電影在講的，與其說是真實世界中具體的女人，不如說是讓阿莫多瓦動心的女性特質——抽象的、非生理性的女人，通過戲劇、想像而超乎現實世界與肉體世界的女人。在這個通過戲劇而再造過的想像世界中，阿莫多瓦比許多生理上的女人更加女人化，更加具有生產的能力。在這個世界中，阿莫多瓦既是母親曼紐拉，又是兒子艾斯德班，他是他自己的創作者與生產者、育養者。這麼說並非故作驚世駭俗之論，而是因為阿莫多瓦有著相當獨特的創作態度。

阿莫多瓦出身西班牙的貧寒農家，父親幾近文盲。因為無力供養阿莫多瓦又希望他當神父，父母送他去教會辦的住宿學校。但是，教會學校虔誠的宗教環境與極端壓抑、刻板的教育卻與阿莫多瓦的性情格格不入，他在這環境下有如「亞瑟王宮殿中的太空人」。現實讓人失望，他迷上看小說與電影：「電影就像一扇夢幻之窗，我很確定我從中看到的世界比我生活的世界更有趣。」從八、九歲開始，他就喜歡看電影，講述他所看的電影給母親和姊妹們聽，並且在講述時對故事情節加以渲染、改造、重編。藉著重編電影的故事情節，他逃離了自己所不喜歡的生長環境，以及周遭粗暴的男人氣。同時，他也藉著看電影與講故事的過程，在想像中重組自己的人生，乃至於創作自己的人生。

在他成名後，回憶起看電影和講故事的過去，他這樣說：

> 在我童年時，我的過去就是我在電影上看到的故事。現在，我在電影中所建構的故事，將會變成我下一階段的「我的過去」。現在和黑暗的過去只有一個差別：我現在可以在電影中用我自己的建構去創造我自己的未來——一個由我自己決定的未來。

對於阿莫多瓦而言，電影不像是取悅他人或者在競賽中肯定自我的工具，而是更私密的、更貼己的。在「我的母親」中，他引述楚門．卡波提（Truman Capote，一九二四—一九八四）在《給變色龍的音樂》（*Music for Chameleons*）中的一段話：「當上帝給人才華時，也同時給他一根鞭子，讓他鞭策自己。」他曾說過創作是他人生最重要的一個面向，他不願意休息，總是無休止的探索各種角色的可能性，並且為它們尋找適切的呈現方式。當他不知道要做什麼的時候，他就會陷入可怕的困境。

阿莫多瓦把電影與創作當作自己的人生（life），而非作品（異己的身外之物）。他通過對電影的省思而創造了自己的存在（being），因此他是自己精神上的母親，他跟天下所有的母親一樣經歷著懷胎與生產的痛苦，他跟所有愛好演戲（acting）的女人一樣，通過創作來克服命中註定的痛苦——其中之一就是性別認同的痛苦。

「我的母親」在探索生理上的女人、戲劇和她們的痛苦，也探索阿莫多瓦、戲劇和他的痛苦。什麼樣的痛苦？

真誠、性別與自我

身為同性戀者，又成長於嚴厲的天主教社區和學校中，阿莫多瓦的痛苦也是多重的。他不喜歡他童年的生長環境，必須靠想像與虛構對抗現實世界帶給他的痛苦；他的身體是男性，但是性偏好跟性別認同可能都偏女性；他不曾因為自己的性偏好與性別認同而傷害人，但在嚴厲而刻板的西班牙天主教傳統社區中，同性戀卻是不可告人的十大罪之一。這些心靈與精神上的迫害，是阿莫多瓦成長過程中無日不在的折磨。

談到一九八六年的早期作品「鬥牛士」（Matador）時，阿莫多瓦說過：

> 在影片中出現兩個不同的母親，代表了兩個西班牙。瓊斯・朗波雷阿維（Chus Lampreave）扮演模特兒伊娃（Eva）的母親沒有性偏見，代表了自由的、現代的西班牙。另一位是由胡列塔・塞拉諾（Julieta Serrano）扮演的安東尼奧・班德拉斯（Antonio Banderas）的母親，則代表了西班牙醜陋的一面。她是害人的母親，也是使兒子精神變態的根源，代表了西班牙宗教教育中的壞東西。

在這部電影中，男主角安東尼奧・班德拉斯扮演一個學習鬥牛的學徒安其拉（Ángel），他沒有任何性經驗，因此被師傅懷疑是同性戀。而他的母親則是一個宗教狂，對他極為嚴厲，並且經常罵他像他的父親一樣不爭氣。在兒子無辜的陷入謀殺案時，他的母親除了大談信仰、上帝，並堅定的認為自己的兒子是罪犯之外，還要他到教堂懺悔。後來，安其拉聽從神父的旨意去警察局自首。不知是巧合或蓄意的安排，女主角在劇中的名字 Eva 就是西班牙文的「夏娃」，而男主角在劇中的名字 Ángel 就是西班牙文的「天使」；天使無辜，卻被宗教狂的母親和神父強加上罪名，猶如同性戀本是無辜的，卻硬被天主教和阿莫多瓦故鄉那保守而嚴厲的傳統冠上罪名。

這位在早期電影中充滿情色、叛逆與暴力的導演，卻在訪談中堅稱自己是很天真的。「我信任每一個人。人們總是令我感到驚奇。而我希望可以繼續保持下去，我希望保留我的天真。我並不傻，但是每一個人確實都可以用他們的言語欺騙我。」在另一個訪談中他再度表示他已經不是二十四歲了，卻跟小伙子一樣充滿好奇，這經常讓他感到困擾。而訪問過他的法國記者確實相信他誠懇、直率而坦白，但又充滿熱情與叛逆性。

以性傾向來定一個人的罪，就猶如以外表來定一個人的罪，而不去管他實際的為人。蘿莎的母親明明需要人手幫忙，卻拒絕了曼紐拉，她的理由是因為曼紐拉「看起來」像是一個妓女——蘿莎的母親根據曼紐拉的外表而定了她的罪。但是，這個自以為比曼紐拉更高尚的女人，卻是以偽造夏卡爾（Mac Chagall，一八八七—一九八五）的畫謀生。面對著女兒未婚懷孕並產下愛滋兒的事實，她完全不知所措——典型徒具「母親」的生理特徵，卻欠缺母性的特質。從她和曼紐拉的對比中，觀眾清楚看到假如「母親」有任何吸引人的特質，那並非蘿莎的母親所擁有的生理特徵，而是曼紐拉所代表的精神性特徵：包容、接納、原諒、愛與照護。

同樣的，以外表來判斷一個人的性別，就猶如用衣著來判斷一個人的品味與內在。當曼紐拉跟阿古拉多（Agrado）一起去看修女蘿莎時，阿古拉多穿著仿香奈兒（Chanel）的衣服，並且說：

「沒有什麼比香奈兒更能讓妳看起來值得尊敬。」接著，當曼紐拉問阿古拉多的香奈兒是否為真貨時，阿古拉多回答：「我全身上下只有我內在的感覺和這一噸的矽膠是真實的。」

但是，什麼叫「性傾向」？什麼叫「性別認同」？男同志跟一般的「男人」有何異同？又跟一般的「女人」有何異同？當阿莫多瓦承認自己是男同志時，他向什麼認同？他的情欲的載體（他的性伴侶）？他的情欲？他對女性生理特徵的愛慕？他對「女性」這個精神性的特質的認同？

坊間許多有關同性戀的論述還停留在「情欲的滿足」和「情欲的自我」這樣的層次。但是，阿莫多瓦在探討同性戀議題時，不但已經超乎生理的層次，也超乎單純的性傾向和情欲，而是在反思他的「自我」認同，以及「女性」之所以那麼無可抗拒吸引他的「可貴特質」。我相信，他是在這樣的層次下說出：「我自然知道，同性戀或雙性戀者的感受有異於普通人。但是最重要的是，我並沒有按照導演的性取向來劃分一部影片。（曾有人）問我到底是那一類人？我的回答是，我就是你眼中所看到的阿莫多瓦。」

阿莫多瓦對女性的崇拜並非無條件的，也絕非生理的、情欲的特質。譬如，蘿莎的母親顯然欠缺了吸引他的母性特質。而他形容變性的艾斯德班是「男人最惡質的部分和女性最卑劣的部分」，又說他是「瘟疫」。

當「變性」的概念與「女性的魅力」、「母性的特質」相結合後，阿古拉多從一個「渴望成為女人的男人」變成一個渴望著女性特質、天生擁有女性特質的「女人」，也因此他必須在外表上成為女性，才是忠於自己；唯有誠實展現內在的自我，才是一種對自己和他人的真誠。猶如他的一段台詞：「一個人愈是接近他所想要成為的樣子，他就愈是真實。」

成為同志的意思，顯然包含了接納自己的情欲特質這個部分。但是，這並非表示一切的情欲都不可以被抗拒，所有的同志都是一樣的同志。同志跟異性戀者有完全相同的情感倫理議題（劈腿與否的抉擇），以及性倫理的課題（根據自己的身心狀態而選擇滿足情欲或節制情欲的抉擇）。與其說「成為同志就是接納自己的情欲」，不如說「成為同志就是不再去分辨異性戀與同性戀在價值天平上的差異」。

但是，阿莫多瓦走得比這還更遠，他走出情欲的困擾，進一步探索女人的可貴與可鄙。或者說，阿莫多瓦在問自己想要成為怎樣的「（女）人」？從阿古拉多的自白，我們了解到阿莫多瓦已經掙脫生理與內在自我間的矛盾與衝突，決心忠於內在的自我，而非生理的外貌。但是，什麼是他所渴望的「自我」？或者，他渴望著怎樣的「自我」？

想像、戲劇與人生

談到「我的母親」這部電影的創作動機時，阿莫多瓦說：「我的原始構想是，我要拍一部電影，呈現每個人都有表演的能耐，尤其是女人。記得小時候，我觀察家裡的女人，她們揑造故事的能力可比男人強太多了，透過這些謊言，她們得以避掉真實生活中一個接著一個的悲劇。」阿莫多瓦的重點不是「說謊」，而是藉著「演戲」（acting）來超越現實，承擔痛苦。

在阿莫多瓦的故鄉瓦拉曼洽（La Mancha）地區，男性經常是充滿乏味的陽剛特性，他們像統治者般端坐在權力的椅子上，而女人則必須默默承受和解決生活上所有的難題。「為了解決問題，她們學會了在緊要關頭必須撒謊、偽裝。我不知道這是否就是羅卡（Federico Garcia Lorca，一八九八－一九三六）所說：『西班牙是出產優秀女演員國度的原因』？」

在這個脈絡下，戲劇的意義與力量不僅僅只是來自於創作欲的滿足，更是作為面對現實、解決現實，乃至於轉化現實的力量。

戲劇之所以吸引阿莫多瓦，與其說是劇情（故事的內容），不如說是「演戲」或演員。「不知為什麼，那些描寫『關於電影的一切』的電影總是特別吸引我。但我關心的倒不是電影（藝術）的語言，而是那些描寫演員、導演、作家、製作人、模仿明星的人、服裝師、化粧師、臨時演員，那些讓電影具有神奇魔力，或變得醜陋汙穢不堪的人。」故事是純虛構的，非真實的；但是阿莫多瓦認為演戲是介於真實與虛構之間的轉換站，它既是真實的，又是想像的——靠著想像的力量，它將人引領出痛苦的現實世界；靠著某種程度的真實性，使它有力量支撐起想像的高度而不墜。

化妝間也是介於真實與虛構之間的轉換站，因此「我的母親」有許多鏡頭是在化妝間拍攝的。

在「我的母親」裡，阿莫多瓦為我們展現了戲劇與人生之間多元而流動的關係。鄔瑪（Huma）是個專業演員，她最重要的存在就是舞台上的存在；曼紐拉是一個經常有演出機會的業餘演員，而她在舞台上的表演簡直就是在預演她的真實人生（包括她的婚姻，也包括她的喪子之痛）；連阿古拉多也是在舞台上說出了她最重要的自白：「一個人愈是接近他所想要成為的樣子，他就愈是真實。」在阿莫多瓦的世界裡，戲劇的世界跟現實的世界同樣真實，但卻遠比現實的世界更神聖、更莊嚴也更有價值。

鄔瑪這個角色呈現了戲劇與真實世界的距離，但是也以最強烈的對比呈現了戲劇無可否認的意義與價值。西班牙文中「煙霧」是Humo，與Huma相近，而鄔瑪則是因為整天菸不離手才取了Huma這個名字。鄔瑪說我的一生除了煙霧（香菸）之外一無所有，女主角曼紐拉回說：「還有成功（success）。」鄔瑪接著說：「成功沒有味道（taste），也沒有氣味（smell）。當你習慣了以後，它簡直就像是不存在。」鄔瑪在真實的人生中是一個嚴重無能的人，需要仰賴陌生人的善意；鄔瑪經常分不清楚演戲和真實的人生，而把舞台上的台詞帶到真實的人生裡；但是，她在舞台上展現出來的力量，遠遠超乎常人。我們沒有道理因為她在真實世界裡的無能而懷疑她在舞台上的表現，那也是她生命真實的一部分；同樣的，我們也沒必要因為她舞台上的傑出表現，而刻意無視於她在現實生活中的無能。

舞台與想像讓人可以活得遠比在現實世界裡更莊嚴而有價值，鄔瑪是這樣的一個典型。她在舞台上飾演「慾望街車」裡的白蘭琪（Blanche），一個表面上淫蕩、愛說謊，實則是心靈受了重傷的女人，因想逃避真實世界而活在想像中。她的著名台詞是：「我不要現實，我要魔法。」年輕時的白蘭琪，極度深愛乃至於崇拜他的詩人丈夫。然而，她卻發現丈夫是同性戀者，跟另一個男人上床。看到這場景，她跟他說：「我看見了！現在才知道！你討厭我……。」那位詩人因此飲彈自殺，而白蘭琪只能懷著這份罪疚與痛苦活下去。但是，現實殘酷而難以存活，因此她只有靠想像活下去。這就像鄔瑪，在現實中極端無能，但在舞台上卻極為動人、有力而莊嚴。

不管是諮商、心理治療，或者分析哲學，傳統上都無法接受活在想像中的狀態，而會鼓勵當事人走進現實，活在現實世界裡。然而，鄔瑪與白蘭琪給了我們另外一個思考向度——逃避現實確實不值得鼓勵，但是想像的價值有必要被貶抑嗎？詩人與所有的藝術創作者不都是靠著想像把自己的存在往上提升的嗎？如果一個人是清清楚楚的活在想像中，並且在想像中活得更有價值，那有什麼不好？

「我的母親」快結束時，鄔瑪在排演新戲，扮演西班牙內戰英雄羅卡的母親。看著她深沉的痛苦與莊嚴而近乎神聖的表情，很難否認舞台上的鄔瑪活得很真實，至少跟舞台下的鄔瑪一樣真實。我們憑什麼去否定舞台上的鄔瑪？假如教堂中的神聖性是真實的，為什麼劇場中的神聖性不是真實的？假如鄔瑪在舞台上活得更有價值，我們憑什麼叫她只能活在舞台下？

母親、女性與人世間的痛苦

人生的痛苦經常是阿莫多瓦的電影主題之一，有時候甚至是以極具張力的西班牙現代舞直接在電影中的舞台演出。面對著這些痛苦，人生的出路在那裡？戲劇與表演需要天分，沒有這天分的人只能仰賴其他人的愛，乃至於陌生人的善意。

但是，在西班牙的傳統中，只有一個角色對所有人類懷有普遍的悲憫，並且能給他們安慰——聖母瑪麗亞。她為了洗滌人類的罪，將人類從悲苦中拯救出來，而獻出了自己的獨子，並且獨自承擔失子之痛。這簡直就像是曼紐拉的故事！

曼紐拉的兒子是在追鄔瑪（煙霧）的時候喪生，猶如耶穌是為了非物質性的，不屬於此世的理由而喪生；曼紐拉為了讓陌生人活下去，而把兒子捐出來，只剩下一顆心活在這世上，並孤單承受喪子之痛；她對所有的陌生人都懷著愛，在郊外搶救阿古拉多時並不知道那是誰；她接納愛滋病人，猶如聖母瑪麗亞接納所有的痲瘋病人；當丈夫的另一個女人（小修女蘿莎）需要她的照顧時，她可以沒有嫉妒的接納她、照護她，並且承她之託擔當起照護初生嬰兒的責任。這個母親不僅能承擔自己的痛苦，還有能力呵護所有需要照顧的人，她照顧鄔瑪、阿古拉多、蘿莎和小嬰兒艾斯德班。假如有一個主題可以貫串「我的母親」這部電影，那大概就是「作為母親的女人，她的痛苦，和她的愛」這個主題吧！

其次，我們看到鄔瑪的痛苦與愛。她以極其簡潔而有力的方式再現（或重新詮釋）戲劇「慾望街車」中女主角白蘭琪的悲劇與命運；在舞台上和舞台下她都扮演一位「沒有能力處理日常生活，經常要仰仗陌生人的善意」的演員，經歷著真實生活中的痛苦（無助、無奈）與愛（溫柔、體貼）。「我的母親」片尾，鄔瑪在排練一場新戲，紀念西班牙詩人兼劇作家與導演的羅卡。在這一幕新戲中，鄔瑪扮演詩人羅卡的母親，悲痛思念著在西班牙內戰期間犧牲的兒子。猶如聖母瑪麗亞和曼紐拉，羅卡的母親把兒子獻給西班牙，希望可以把西班牙人從現實世界的痛苦中拯救出來，但自己卻得去承擔失去兒子的蝕骨之痛。扮演鄔瑪的女演員瑪麗莎・巴哈迪絲（Marisa Paredes），在跟阿莫多瓦合作之前就已經是西班牙非常出名的舞台劇演員。她用簡單而重複的動作搓揉著被她兒子血液浸濕了的土壤，滿帶著極具震撼力的表情，穩定的說出：「我要把浸染著他血液的泥土，放進水晶和黃玉的聖體匣中。」這一幕，儼然將那個為西班牙人犧牲性命的詩人羅卡給神聖化，也同時把羅卡的母親給神聖化了。

即使是變性的妓女阿古拉多，她的「服務」並非純生理性的（所以她拒絕為劇場的工作人員口交），而是影射著心靈或情感上的安慰。西班牙文的 Agrado 對應著英文的「可以接受」（agreeable），也包含著舒適、愉悅、感激的意思；而這個名字是取義於「讓別人的生命變得愉悅和可以接受」。

最後，雖然小修女蘿莎的戲份很輕，但是卻很巧妙的再度將這部電影跟天主教的聖母瑪麗亞連結在一起。蘿莎專為妓女服務，她接納了變性人和愛滋患者，猶如聖母瑪麗亞接納了被整個社會排擠的痲瘋病人；蘿莎打算要去薩爾瓦多，而在西班牙語裡，薩爾瓦多（El Salvador）的意思是「救世主」。

這部電影蘊涵著這麼多有關聖母瑪麗亞的聯想，很難相信純屬偶然，而與阿莫多瓦的創作動機絲毫無關。與其說這一部的主題是「母親」，不如說是「母性」，而且是以聖母瑪麗亞的德行作為母性的最高層次——她不加評斷的接納所有世人，悲憫他們的苦楚，以關愛和呵護去緩解他們的痛苦，卻孤單的承受自己命運中一切的痛苦。

不過，到底該說這部電影是在探索天主教的世俗化與現代化？還是該說阿莫多瓦在這部電影中探索著他（以及所有的現代人）跟宗教的關係？聖母瑪麗亞是曼紐拉的宗教版？還是該說曼紐拉是聖母瑪麗亞的俗世版？

也許該說這是雙向的流動，曼紐拉和聖母瑪麗亞都是流動的形象與概念，既神聖而又貼近俗世，既是遠古而又遍在於當代。

在「神聖性」中看見人的意義與價值

叛逆的阿莫多瓦跟宗教能有什麼樣的關係？我們不能用刻板印象看待這個議題。所有真誠活著的人都會變，隨著年紀的增長而對生命有著不同的體認和態度。

阿莫多瓦早期的電影充滿淋漓盡致的性愛、情欲、死亡與暴力場面，以及女人的痛苦。但是，在一九九二年的一次訪談中，訪問者提到他從一九八六年以後的三部電影都比較沒有暴力的成分。他回答：「對，他們的語調是比以前舒緩。這跟年紀有關。」、「我想，在比較舒緩的節奏下可以有比較深刻的處理。」、「我的電影比較不『暴力』，比較少攻擊性，……，但是痛苦卻更深沉。」

如果暴力可以減少，痛苦可以變得比較深沉，對「神聖性」的體認也可以隨著年紀與內在的歷練而愈來愈深刻。

「神聖性」不見得要來自於特定的宗教或有形的宗教。宗教也不見得一定是天啟的宗教，不見得要有先知、聖典與神職人員。盧梭藉著薩伏伊牧師揭示他心目中的自然宗教——大自然是神聖的，良知則是上天賜給人的神聖本能，人能藉著良知而認識隱藏在大自然背後的神。華茲華斯在詩集裡讚揚大自然的「崇高」（sublime）時，他也同時是在向英國人宣示一種與宗教無關的「神聖性」情感。

在「我的母親」，我們親自見證了表演藝術可以如何引導人進入超乎日常生活的偉大精神世界，這部電影也讓我們感受到女性那種撫慰受苦靈魂的巨大力量，而這兩個力量又恰恰是天主教中聖母崇拜最根本的力量。

表面上叛逆的阿莫多瓦一再否定著教會的形式，但是骨子裡他卻又通過藝術與母愛企圖建立另一種屬於二十一世紀的「神聖性」體驗。

其實，「神聖性」不見得要靠著尊崇一個超越於人的對象來建立，人性的底層也許就藏著神聖的可能性，或者與神聖性遙遙相應的企求。與其說「神聖性」是世人對神的一種渴望，也許還不如說「神聖性」是源自於人對自身的一種期待與渴望，渴望著讓自己的生命具有超越現實生活的意義與價值。

就像路易・康說的：「即使是一塊尋常、不起眼的磚頭，也渴望著超越它既有的價值，成為更好的事物。這是我們每一個人的宿命！」是人，就不可能甘於平凡與無意義；是人，就渴望著通過各種手段去創造他的生命意義與價值。

我常勸學生：「人生沒有過不去的事，千萬別把一時的過不去看成一輩子都過不去。」希臘哲學家赫拉克利特（Heraclitus，西元前五三〇—前四七〇）曾經說過：「你前後兩次把腳踩進一條河裡，自以為那是同一條，其實那已經是兩條不相同的河流。」因為河水川流不息，你第二次踩進去時河水已經不是原來的河水。

人生每一件事都在發生的瞬間就已經結束，並且隨時光之流而過去了。假如有什麼事情老是梗在心頭過不去，那只不過是因為你心裡不願意讓它過去而已，其實它早已經在發生的瞬間就過去了。

有一位著名的商界領袖，在一場酒宴上舉杯飲下一口葡萄酒後，忽然嘔出一灘血，三個月後就因胃癌英年早逝。他太太悲痛逾恆，一年內不曾有任何笑容，過了五年才跟近鄰笑語閒聊。我聽到這故事後，一方面被這夫妻情深所感動，一方面自問喪夫一事在她先生嚥下最後一口氣時就過去了，喪夫之痛為何卻要五年才過得去？五年前笑不出來，五年後笑語如常，差別在那裡？心裡願不願意讓它過去罷了。

禪宗公案裡有這麼一則故事，老和尚帶著一個小沙彌出門去做法事，路上跨過一個寬不足一尺的小水溝，不以為意。做了一天法事卻下了超過半天的豪雨，回家路上發現小水溝已經變成一條水深及胸的大河，一個美豔少婦在河邊焦急的跺腳，卻不敢過河。老和尚問明了少婦過河的急切，就背她過河後放下來，相互道別，各奔歸程。回到山門口，小沙彌實在忍不住一肚子狐疑，就問老和尚：「師父不是一再告誡『出家人不可以近女色』，怎麼今天卻把個少婦背在身上？」老和尚淡然說：「喔！我過了河就把她放下來了，你怎麼一路背回家來還不肯放下？」

我也常勸學生：「人生沒有受不了的事，是你心裡不願忍受，所以才會受不了。不管是精神上多麼大的痛苦，只要你找到一個為什麼要忍受的理由，就可以忍受下去。」創立「意義治療法」的弗蘭克（**Viktor E. Frankl**，一九〇五—一九九七）也說過一個人只要知道「為什麼」必須要活著，就可以不管「如何」悽慘的活下去都幾乎能夠忍受。弗蘭克的這個主張，是他親身經歷猶太集中營裡慘絕人寰的生存情境後歸納出來的信念。

找到意義就可以忍受一切痛苦

弗蘭克是精神分析大師佛洛伊德最鍾愛的弟子，卻因為來不及逃難而淪陷到納粹的猶太集中營。在集中營裡毫無目的、毫無理由的每天遭受到生理、心理和精神上的折磨，生不如死，使得他一度想跟別人一樣自殺，至少死得尊嚴些。後來他忽然想到從心理學與精神分析這個學科的觀點看，集中營雖然殘酷而令人絕望，卻還是有人能夠精神奕奕的活下去，假如可以洞澈人類的心智與精神如何忍受這種極端的情境，不但將會是對人類極為寶貴的知識，也可以讓這麼多人付出的殘酷代價得到報償。接著，他意識到他的老師和學門內的師兄弟都已經逃離德國，唯一有能力完成這個歷史性使命的就只剩他一個人了。從此以後，他毅然決然擔負起這使命，再也不曾有過自殺的念頭。

剛進集中營的時候，很多人都以為身體瘦弱的人會比較受不了惡劣的飲食，和遠遠超過身體負荷的強迫勞動。但是，出乎眾人意料之外，最先受不了折磨而死去的泰半是身體健壯的男人，許多羸弱的老婦卻堅毅的活著，毫無衰微的跡象。弗蘭克慢慢了解到受不了折磨而死去的健壯男人，往往是教育程度與社會地位都很高的人，他們一輩子習慣於做自己認為有意義的事，到了集中營後找不到任何值得做的事，因而找不到忍受痛苦的理由，逐漸失去活下去的意志；反之，一個瘦弱的婦人，一心想要在兒子未來的婚禮，把祖傳的項鍊掛在媳婦脖子上，完成家族傳承數百年的規矩，為了這一份「無可替代」的責任，她無論怎麼苦都要堅決活下去。

歸納集中營裡許多案例之後，弗蘭克慢慢發展出一個終生不移的信念：「一個人，只要自覺到他對於一個等待著他的摯愛親人有一份責任，或者對一件尚未完成的事負有使命，就沒有能力拋棄他的生命。他知道他『為什麼』必須要活著，因此不管是『如何』活下去他幾乎都能夠忍受。」

余秀芷用她的人生見證著弗蘭克的信念。二十四歲那一年，余秀芷完成模特兒訓練，憑著姣好的容貌和高挑的身材走上伸展台，開始在模特兒界以業餘的身分嶄露頭角。美工科畢業的她也擅長漫畫和設計，並且擔任旅行社的領隊，有許多美夢等著她去實現，但是一場怪病卻讓她在一夜之間下肢全部癱瘓，也瓦解了她所有的夢想。

那一夜，余秀芷毫無預兆的腳部突然感到一陣劇痛，一直蔓延到腰部，最後痛得站不起來。家人緊急將她送到醫院，歷經一連串的檢查卻查不出原因；家人帶她四處遍訪西醫、中醫和民俗療法，不但問不出原因，還日漸惡化到腰部以下完全失去知覺與肌肉控制的能力，只能靠輪椅代步。「一夜之間，世界變成兩個極端點，我從天堂跌落深淵，淚水取代自信的臉，世界只剩下一個房間。」

她嘗試復健，卻被一位老教授在一群實習醫生面前無情的宣判：「百分之八十沒有站起來的機會。」在將近一年的治療過程中，她好幾次聽到醫護人員背著她冷嘲熱諷，使得她追求復原的意志一再受挫，後來一次嚴重的尿道感染使她高燒不退、全身痠痛無力；這樣的病情讓她聯想起全身癱瘓後將拖累父母和姐姐，於是想一死百了。她邊寫遺書邊想起父母為了治她的病，而受盡一切艱難與折磨的過程，甚至為了求一杯「神水」而在廟裡跪著磕一千個頭；當她寫完遺書要用美工刀往手腕上劃下去時，她想起媽媽一年來疼惜不捨的眼神，頓時覺得自己好自私，全家人受盡各種苦楚都沒有放棄她，她憑什麼放棄自己而留給父母一輩子的痛苦？這一念給了她忍受一切痛苦的理由，她開始不畏挫折的積極復健，一再提醒自己「我有百分之二十站起來的機會」。

後來，她把自己的故事寫出來，意外的一篇篇都順利被報紙副刊接受，也發現她奮鬥的故事可以幫助許多處於困境的人。後來她開始發行自己的電子報，到許多國、高中校園巡迴演講，也參加罕見疾病基金會的活動，到醫院去鼓舞跟她一樣受困於疾病的人。她對他們說的第一句話常常是：「來，叫學姐。」她要教他們學習跟新的身體狀況坦然相處，教他們重新尋找生命的可能性。

因為覺察到不可以自殺讓家人一輩子痛苦，余秀芷走過了自殺的關卡；因為不曾放棄，她找到人生全新的意義。她沒有如願成為模特兒，也沒有繼續環遊世界的旅程，但是她卻為許多絕望的人帶來重生的希望——她成為「輪椅天使」。「成為一個帶給別人希望的天使」，這樣的人生，絕對不是她在二十四歲生病之前所敢於夢想的。一場病讓她失去了一切的夢想，因為不放棄，卻讓她找到全新的理想和人生的意義。

電影「真善美」（Sound of Music）裡，女主角有一句台詞：「當上帝關上一扇門時，祂總會同時在某個地方打開一扇窗。」但是，你必須要有耐心去找尋，因為它可能出現在你從來都不曾想過，甚至一向都以為不可能的地方。

尋找生命的另一扇窗

人生的意義有無數種可能，而我們通常只認識其中三、五種。一個想自殺的人往往是因為自以為再也找不到任何人生的意義，因而找不到任何忍受痛苦的理由。事實上，他只不過是在意外的打擊下失去一切曾經熟悉的人生意義而已，在他所不熟悉的地方，還有著無數的人生意義和理想等待著他去發現與重建。

因此，即便是巨大的創傷使我們在瞬間失去一切的希望，那種過不去的絕望仍舊是一時的，而不是一輩子。只要能撐過最艱難的時刻，就有機會找到另一扇窗，甚至把被命運關閉的大門再度推擠開來。

失去聽力的音樂家，有機會用常人難以想像的方式作曲；聽不到舞曲的聾啞舞者，可以靠手勢的指引跳出感動全世界的群舞；失去語言和行動力的大學生，照樣可以成為當代最受推崇的物理學家。只要不放棄，生命自有它超乎我們想像的出路。

音樂家作曲時總是先在鋼琴上試彈，才能逐漸將旋律以及各聲部的音色、對位及和聲找到最佳的組配；因此，失去聽力的音樂家幾乎就等於是全盲的畫家。貝多芬在二十六歲時開始有耳鳴的症狀，影響他的聽力，並且逐漸失去聽力。聽力是他謀生與一切人生目標的礎石，一旦讓別人知道他失去聽力，不但會失去委託者的信賴而危及經濟基礎，甚至會被音樂界的同儕譏諷、恥笑。因此他被迫開始規避社交生活，希望藉此隱瞞自己聽力逐漸耗弱的事實。

身為音樂家，失去聽覺就失去一切。貝多芬的痛苦其實遠遠超過余秀芷，他的情況只會愈來愈糟，而沒有「百分之二十復原的機會」。「我的不幸使我加倍痛苦，因為我必定會遭人誤解。我不能與我的同胞輕鬆言笑，不能促膝談心，不能交流思想。我不得不幾乎是在孤獨中生活，就像一個被放逐的人。」、「當站在我身旁的人聽到遠處傳來的笛聲，而我聽不到；當站在我身旁的人聽到牧羊人的歌聲，而我卻仍然聽不到，這對我來說是多大的羞辱啊！這種事幾乎讓我絕望，要是再多一點，我就會結束自己的生命。」但是他生命的全部價值都在音樂裡，他沒辦法改行去當工人或宣教者。為此，貝多芬痛苦的寫下：「貝多芬會作曲，感謝上帝。但是，除此之外他什麼都不會！」而且，他還不到三十歲！

這些痛苦加上愈來愈嚴重的耳聾，使得他從二十八歲開始去思索人活著的目的與意義，以及開始考慮自殺，「我已被迫成為一個哲學家了」。三十二歲時他在維也納附近的小村落海利根施塔特（Heiligenstadt）寫下了「海利根施塔特遺囑」，但是他不願意向命運屈服：「我將扼住命運的咽喉，絕不讓它將我板倒、擊潰。」即便在被當作是為自殺預作準備的這一封遺囑裡，貝多芬還是堅決的說出：「忍耐，有人說，我現在必須選擇它來作我的指南。我已經這麼做了——我希望我會一直堅定決心，堅持到它讓無情的命運女神來割斷生命的細線。也許我會好轉，也許不會，我都將泰然處之。」

是什麼樣的力量讓他願意忍受一輩子的痛苦與絕望？「而讓我留住生命的只有我的藝術。啊，我想，要是不把我內心所有的東西都釋放出來，我是不可能離開這個世界的。因此，我忍受著這樣悲慘的生活。」

對於貝多芬而言，「音樂帶給人的啟發遠遠高於一切的智慧和哲學」，「它把感官的生活變成精神的生活」，「音樂啟迪所有人生命裡全新的創造性，而我是壓榨、釀造這種神奇美酒的酒神，我讓他們的靈魂醉倒在精神性的音樂裡」。貝多芬知道他有能力為音樂注入前所有未有的精神性，有能力把感動帶給所有的男人和女人，有能力把歡樂帶給所有受苦受難的人類——這一份靠著天分與苦心日復一日經營出來的能力沒有人能替代。「天底下有數以千計的王子，未來也將有無數的王子，但是貝多芬永遠都只有一個。」除了他之外，沒有人能將他心裡豐富而偉大的情感化為感動人心的音樂。因此，再怎麼苦，再怎麼絕望，他都必須活下去。

不過，他終於還是慢慢學會跟命運和平共處，學會在耳聾的情況下作曲。他在全聾之後完成登峰造極的「第十五號弦樂四重奏」，「一個痊癒中的病人對神的感恩聖歌」，以及充滿神聖與歡樂情懷的「第九交響曲『合唱』」。一個全聾的音樂家，因為命運的作弄而發展出豐富、深刻而莊嚴、神聖的情感，遠遠凌駕於音樂史上任何一位音樂家。使貝多芬音樂如此偉大的，是他心靈的偉大，而不只是他的音樂才華。「天將降大任於斯人也，必先苦其心志，勞其筋骨，餓其體膚，空乏其身，行拂亂其所為，所以動心忍性，增益其所不能。」貝多芬在聽力上失去的，卻在心靈上得到加倍的補償。

一個音樂家失去聽力之後還可以在音樂創作上不斷自我突破，甚至創作出比以前所有作品更偉大的音樂，那麼，人到底要失去多少器官的功能，才可以對生命絕望？

邰麗華是聽不見音樂的中國聾啞姑娘，卻以「孔雀舞」和「千手觀音」感動全世界無數的觀眾，也讓數十名聾啞姑娘跟著她活出燦爛的舞蹈人生。劍橋大學的史蒂芬·霍金（**Stephen Hawking**，一九四二—）被稱譽為愛因斯坦之後最聰明的物理學家，他二十一歲時漸凍人症（ALS）發作，醫生說只剩二至三年的壽命；後來他果然逐漸失去四肢和發音的能力，最後只靠眨眼皮來打字，靠合成語音說話，用一根手指控制輪椅來行動。但是他卻意外的活到七十歲還健在，有三個孩子，兩次結婚並兩次離婚，贏得諾貝爾獎之外的所有理論物理大獎，全球許多重要的物理研究機構都以他的名字命名。

人的偉大不在四肢、五官，而在他的情感和心靈；只要心靈與精神不死，就有辦法持續自我成長，並且找到跟外界溝通的方式，以及適合個人稟賦與處境的人生目標，從而讓自己的人生不留白。

生命的道路無限開闊

人生有無數種發展的可能性，但是許多人都不自覺的選定掌聲最多的目標去追求，而忘記人生還有許多同樣值得追求的目標。也沒有想到適合父母的人生目標，不見得就適合孩子。

一個多才多藝的醫學系高材生，百般無趣的念完五年課程後罹患憂鬱症，想休學去嘗試不同的人生軌道，但是家長希望她繼續完成剩下的兩年實習課程，結果她自殺了，因為怕變成父母心目中的壞孩子，或不成材的廢物。很多父母不自覺的想要孩子複製自己的成功之路，卻沒有想到父母的價值觀有多狹隘，子女的人生就有多狹隘；而父母觀念上過不去的地方，往往就成為孩子走不下去的絕路。

暑假過後就要到台大商學院報到的學生跳樓自殺了，因為高三的女朋友懷孕，雙方父母要他們墮胎；而他人生的第一個重大決定竟然是害死自己的骨肉，這讓他受不了。在競爭激烈的今天，為了在職場上占到一個優勢的位子，許多父母都希望孩子延長就學時間，連帶的延後就業、婚配與生育的時間。但是「最好」的選項並非「唯一」的選項——《紅樓夢》裡的男女主角都不到十八、九歲就嫁娶了，今日則有許多夫妻辭職帶著孩子去念博士，所以也沒有理由說大學期間絕對不可以有孩子。

懷胎原是喜事，在這不確定的年代而能得到富有責任感的女婿，也是求都求不得的喜事。雙喜臨門，怎麼會變成悲劇？

問題就出在台灣人永遠只有「最好」的盤算，卻從來沒有給自己和孩子留下「不得已」時的出路！一旦「預料」之外的事發生，一時間找不到出路的人就輕生了。

其實未婚懷孕時有所聞，但是整個社會卻一直不願意去面對這些可能性，事先為它準備一條可以走得下去的「替代」方案。總是要等慘劇發生，大家才突然發現除了「最好」的盤算之外，原來還有一大堆次好、也好的方案，甚至不得已、萬不得已和萬萬不得已的選項，而自殺絕對是所有人都不想要的！

在今天這種時代，什麼事都有可能發生：孩子同性戀、因病而被迫休學、在台大的兩個系裡念了七年而拿不到畢業證書、出國十四年而拿不到博士學位，或者四十歲失業。人生不可能事事都如願，不要只給自己和孩子「最好」的選項而沒有「次好」或「不得已」的選項，乃至於「萬不得已」和「萬萬不得已」的選項。

很多家長和老師生怕把孩子給「慣壞」，從小就厲行「嚴父出孝子，嚴師出高徒」的教育方針，以至於把「鼓勵」孩子變成「強迫」孩子，從不讓他們有「退而求其次」的奢想。但是，被嚴苛管教出來的孩子往往養成考試作弊的惡習，有些人進了名校卻罹患精神官能症，有些人則自殺。不給孩子退而求其次的出路，就等於要孩子在「最好」的選項和「最壞」的選項之間做抉擇。最後只不過是多了幾條冤魂，或精神官能症患者，而痛苦、後悔莫及的則是父母。

一個人的價值跟他繼承而來的財富或社會地位無關，所以也應該跟他天生的稟賦無關——聰明是上天賞賜的禮物，沒什麼好驕傲或因而看不起人的。因此，人生的價值和社會的成就是兩碼子事，不能劃上等號。

人的真正價值來自於自我超越、克服困難，以及通過對社會的奉獻而完成自我的意義；喜憨兒照樣有他要克服的困難、他的自我超越，以及他的自我完成。喜憨兒不會有常人所羨慕的社會成就，但是他們也沒有常人揮之不去的嫉妒、煩惱與痛苦，不該輕易的說他們的人生必然會比較不幸福，或者比較沒有價值。他的人生意義跟我們貌異而神似，我們不能用常人的尺度去衡量他們的成就，更不能用常人的習慣去推測他們心裡的滿足感與成就感。如果你看不見喜憨兒的人生意義，那是因為你看不見，而不是因為他們的人生意義不存在。

同樣的，發育遲緩或自閉症的孩子也都有他們人生的挑戰、突破與成就感，有值得他們努力的目標與人生價值。如果你拋開常人慣有的人生目標與價值觀，就有機會看到屬於他們的人生意義和價值；如果你硬要把常人慣有的人生目標與價值觀套用到他們身上，而看不見他們的人生意義與價值，那是你有問題，而不是他們有問題。

一個朋友喪偶之後失去一切生命的動力，覺得人生再也沒有任何意義。我告訴他既然你連自殺都願意，那就把餘生用來幫助所有可以從你獲益的人。

生命的道路無限開闊，因為人生的意義有無限種可能，問題只在於你有沒有用心去體會和發現而已！

life

陪孩子走過更艱難的挑戰

——如何準備推甄送審資料講座綱要

推甄逐漸變成優秀高中生進入明星大學的主要管道，準備推甄變成是不下於準備學測的重要工作。可惜補習班和各種媒體的相關建議絕大多數是錯誤訊息，因此這個演講的首要目的是釐清推甄的審查重點與準備送審資料的要領。

坊間傳聞的義工服務、全民英檢、才藝競賽資料等，其實都不是推甄的審查重點，而是不了解審查工作者捕風捉影的想像。各大學審查推甄送審資料時，想要找到的是有特殊稟賦或興趣，而比一般學生更適合攻讀該特定科系的學生。因此，想要利用送審資料為自己的推甄加分時，第一個重點是要呈現自己對於該特定科系的學習內容和未來發展有多少了解，其次是提出證據說明自己在該科系相關的學習與發展上有哪些特別的天分、興趣或自修的成果。

從我和許多同事過去數十年的實務經驗來看，推甄絕對不是窮爸爸與富爸爸的競賽——只有極少數學生確實從推甄送審資料得利，絕大部分推甄的送審資料都沒有提出值得加分的事實，因而學測成績成為決定錄取優先序的關鍵因素。

想要靠推甄進入理想大學與理想科系的學生，從高一就要開始試著去了解大學有哪些科系，從其中擇三、五個較有興趣的進一步去了解它們的學習內容和未來生涯發展，以及這些科系和自己未來的生涯規畫有何關係。要高中生獨立完成這一件事往往不容易，因此需要家長的陪伴。

但是，這個社會上所需要的才幹與能力，只有三成跟大學的專業學習成就有關，其他諸如領導才能、廣告創意、洞察商機、幹練、精明、圓熟的談判與溝通技巧、體貼、熱情等職場重視的特質與能力，都與學業成績無關。北一女的孩子都有機會成為人才，但不見得每一個學生最適合的發展方向都在熱門科系裡。扮演一個人人羨慕而自己痛苦的職場角色，只能算是終生的酷刑。因此協助孩子找到最適合自己扮演的職場角色，遠比有沒有考上熱門科系還重要。

進了北一女，離明星大學的校門更近了，但是孩子的心理壓力也更沉重了：學測會不會失常，沒有人能控制；但是三年後如果升學不順利，卻很可能會落人笑柄。這種「非成功不可」的壓力有時會使很出色的孩子在學測前後罹患精神官能症，一輩子再也爬不起來。如何避免孩子陷入這種焦慮，是遠比有沒有考上大學更要緊的事。

學柔道的人要先學會被摔，為的是希望摔得再重都可以馬上再站起來。很多孩子在國中三年都在班上第一名，進入北一女之後卻必須開始適應偶爾在班上墊底的生活。她們未來還是有可能成為人才，只是要先學會如何爬起來。

彭明輝作品集

活出生命最好的可能：彭明輝談現實與理想

2013年1月初版
定價：新臺幣320元
2015年3月初版第三刷

著者	彭明輝
發行人	林載爵
叢書主編	林芳瑜
特約編輯	倪汝枋
整體設計	劉亭麟
封面攝影	王弼正

出版者	聯經出版事業股份有限公司
地址	台北市基隆路一段180號4樓
編輯部地址	台北市基隆路一段180號4樓
叢書主編電話	(02)87876242轉221
台北聯經書房	台中市北區崇德路一段198號
電話	(04)22312023
台中分公司	台中市北區崇德路一段198號
暨門市電話	(04)22312023
郵政劃撥帳戶	第0100559-3號
郵撥電話	(02)23620308
印刷者	文聯彩色製版印刷有限公司
總經銷	聯合發行股份有限公司
發行所	新北市新店區寶橋路235巷6弄6號2F
電話	(02)29178022

行政院新聞局出版事業登記證局版臺業字第0130號

本書如有缺頁，破損，倒裝請寄回台北聯經書房更換。 ISBN 978-957-08-4119-0 (平裝)
聯經網址 http://www.linkingbooks.com.tw
電子信箱 e-mail:linking@udngroup.com

國家圖書館出版品預行編目資料

活出生命最好的可能：彭明輝談現實與理想/彭明輝著．初版．臺北市．聯經．2013年1月（民102年）．248面．15.5×22公分
（彭明輝作品集）
ISBN 978-957-08-4119-0（平裝附光碟）
[2015年3月初版第三刷]

1.人生哲學 2.自我實現

191.9 101025030